幼稚園・小中高等学校における
特別支援教育の進め方 ④

保護者や地域の理解を進めるために

編　集：全国特別支援教育推進連盟

編集協力：全国国公立幼稚園・こども園長会
　　　　　全国連合小学校長会
　　　　　全日本中学校長会
　　　　　全国高等学校長協会
　　　　　全国特別支援学級設置学校長協会
　　　　　全国特別支援学校長会

街の中の絵画

　浅海平（あさみ　ひとし）さんは、幼少から動物の絵を多く描いていましたが、高校入学後に「侍」の絵を好んで描くようになり、2008年から毎年、東京都豊島区障害者美術展などに出品し、「審査員特別賞」などを受賞しています。

は じ め に

　特別支援教育が本格的に始まって10年目を迎えている今日、全国各地の幼稚園、小学校、中学校、高等学校、特別支援学校等において様々な実践が続けられています。

　今後、特別支援教育をさらに推進するためには、校長・園長先生方のご理解とご支援・ご協力が必要です。

　そのために、本書「校長・園長必携　幼稚園・小中高等学校における特別支援教育の進め方」を企画し、文部科学省のご指導、ご支援、さらには、全国国公立幼稚園・こども園長会、全国連合小学校長会、全日本中学校長会、全国高等学校長協会、全国特別支援学級設置学校長協会、全国特別支援学校長会のご理解とご支援・ご協力をいただき、シリーズとして刊行しております。

　本書は、校長・園長必携として幼稚園・小中高等学校における「①特別支援教育の理解と推進のために」「②校内支援体制を築くために」「③交流及び共同学習を進めるために」「④保護者や地域の理解を進めるために」「⑤「個別の教育支援計画」「個別の指導計画」の作成と活用」の５冊シリーズの４冊目にあたります。

　「④保護者や地域の理解を進めるために」は、学習指導要領に示されている「学校がその目的を達成するため、地域や学校の実態等に応じ、家庭や地域の人々の協力を得るなど家庭や地域社会との連携を深めること」に基づき、家庭(保護者)や地域の理解と協力が必要であることの実践をまとめたものです。

　本書の内容は、第１章「学習指導要領等に示されている保護者（家庭）や地域の人々との連携の必要性」、第２章「特別支援教育、障害のある子どもに対する保護者や地域の理解を進めるために」、第３章「学校経営における保護者や地域への働きかけ」、第４章「保護者や地域への働きかけの実践」、第５章「ＰＴＡ等の活動」、参考資料で構成されています。

第3章には、幼稚園、中学校、特別支援学校の実践例を、第4章には、幼稚園、小学校2例、小中学校、中学校、特別支援学校の実践例を、第5章には、幼稚園・こども園、小学校、中学校2例、特別支援学校2例の実践例を紹介してあります。

　校長・園長必携として、校長先生・園長先生向けに編集してありますが、副校長・教頭先生をはじめ、管理職の方々、これから管理職を目指す方々にも、ぜひともご一読いただけますことを願っています。

　本書の刊行にあたって、ご多用の中ご執筆いただきました文部科学省特別支援教育調査官　青木隆一先生、聖徳大学教授　河村久先生をはじめ、皆様に心から感謝申し上げます。ありがとうございました。おかげさまで当初に意図した内容にまとめることができました。

　そして、企画、校正等本書の刊行にお世話をいただきましたジアース教育新社社長　加藤勝博様に改めてお礼を申し上げます。

平成29年3月

全国特別支援教育推進連盟
理事長　**大南　英明**

目次

はじめに

第1章 学習指導要領等に示されている保護者(家庭)や地域の人々との連携の必要性

はじめに ………………………………………………………………… 12
1 保護者や地域の人々との連携の重要性 …………………………… 12
2 障害のある子供の理解とは ………………………………………… 17
3 障害者理解を推進するために ……………………………………… 19
おわりに ………………………………………………………………… 21

第2章 特別支援教育、障害のある子どもに対する保護者や地域の理解を進めるために

はじめに ………………………………………………………………… 24
1 当事者の保護者の理解と連携方策 ………………………………… 24
2 周囲の保護者、学校全体の保護者の理解推進 …………………… 28
3 地域の関係者や住民の幅広い理解推進 …………………………… 31
おわりに ………………………………………………………………… 33

第3章 学校経営における保護者や地域への働きかけ

❶ 幼稚園 …………………………………………………………… 36

はじめに ………………………………………………………………… 36
1 園経営への位置付け ………………………………………………… 36
2 入園決定までに ……………………………………………………… 37
3 園内支援体制 ………………………………………………………… 38
4 学級経営への位置付けと指導の充実 ……………………………… 39
5 保護者の理解推進のために ………………………………………… 41
6 地域の理解を進めるために ………………………………………… 43
おわりに ………………………………………………………………… 45

❷ 中学校 ……………………………………………………………… 46
　1　八王子市立いずみの森小中学校の概要 ……………………… 46
　2　本校における特別支援学級 …………………………………… 46
　3　中学校固定（知的）特別支援学級 …………………………… 47
　4　地域コミュニティーの中核となり得る義務教育学校として …… 49

❸ 特別支援学校 …………………………………………………… 50
　はじめに ……………………………………………………………… 50
　1　理解推進のため、保護者・地域に伝えたい3つのことがら …… 51
　2　聴・病・肢・知、4障害併置校における取組
　　　平成24年度　岩手県立一関清明支援学校の学校経営から
　　　テーマ　～「ありがとう」があふれる学校づくり～ ……………… 53
　3　肢体不自由単独校における取組
　　　平成27年度　岩手県立盛岡となん支援学校の学校経営から
　　　テーマ　～可視化＝一人一人の良さ、がんばりが見える・伝わる学校経営～ … 56
　おわりに ……………………………………………………………… 58

第4章　保護者や地域への働きかけの実践

❶ 幼稚園 …………………………………………………………… 62
　はじめに ……………………………………………………………… 62
　1　一人一人が大切にされ、共に育ち合う学級づくり ……………… 63
　2　保護者と共に一人一人を育てる ……………………………… 65
　3　小学校へとつなぐ ……………………………………………… 67
　4　地域とつながる ………………………………………………… 69
　おわりに ……………………………………………………………… 70

❷ 小学校① ………………………………………………………… 71
　はじめに ……………………………………………………………… 71
　1　特別支援学級開設に向けて …………………………………… 71

2　校内体制の確立 ………………………………………………… 72
　　3　保護者との話し合い ～2つのツールを活用して～ ………… 74
　　4　スクールカウンセラーの活用 ………………………………… 76
　　5　保護者への支援 ………………………………………………… 76
　　6　ユニバーサルデザインを活かした学習づくり ……………… 77
　　7　オリンピック・パラリンピック教育の推進 ………………… 79

❸　小学校②（特別支援学級設置校）……………………………… 81
　　はじめに …………………………………………………………… 81
　　1　校内支援体制の構築 …………………………………………… 81
　　2　保護者や地域への働きかけの実践 …………………………… 85
　　おわりに …………………………………………………………… 89

❹　小中学校 ………………………………………………………… 90
　　はじめに …………………………………………………………… 90
　　1　理解推進のための基盤 ………………………………………… 90
　　2　保護者への働きかけ …………………………………………… 91
　　3　地域への働きかけ ……………………………………………… 92
　　4　具体的な働きかけの手だてのために校長がするべきこと … 95
　　おわりに …………………………………………………………… 97

❺　中学校 …………………………………………………………… 98
　Ⅰ　**特別支援教育の充実に向けて** ……………………………… 98
　　1　求められる校長のリーダーシップ …………………………… 98
　　2　校内組織の連携強化 …………………………………………… 98
　　3　校内資源の活用 ………………………………………………… 99
　　4　保護者の思いに寄り添う ……………………………………… 99
　Ⅱ　**本校における特別支援教育の実践** ………………………… 100
　　1　特別支援教育推進の背景 ……………………………………… 100
　　2　特別な支援を必要とする生徒の在籍状況 …………………… 102

3　本校における実践例 …………………………………………… 103
　おわりに ……………………………………………………………… 107

❻　特別支援学校 ………………………………………………………… 108
　はじめに ……………………………………………………………… 108
　1　せんぼく分教室開設まで ……………………………………… 108
　2　小さな小さな分教室 …………………………………………… 109
　3　一日息子、一日娘 ……………………………………………… 110
　4　地域が教室 ……………………………………………………… 111
　5　地域交流とおもてなしの心 …………………………………… 115
　6　保護者の協力 …………………………………………………… 116
　7　生活する場、学ぶ場、働く場としての地域 ………………… 116

第5章　ＰＴＡ等の活動

❶　幼稚園・こども園 …………………………………………………… 120
　はじめに ……………………………………………………………… 120
　1　保護者相互の交流を促す ……………………………………… 120
　2　保護者同士の関係を育てる …………………………………… 121
　おわりに ……………………………………………………………… 123

❷　小学校 ………………………………………………………………… 124
　はじめに ……………………………………………………………… 124
　1　学校におけるＰＴＡとは ……………………………………… 124
　2　小学校ごとの単位ＰＴＡの本部役員と委員会の仕事例 …… 125
　3　ＰＴＡ活動の活性化を図るための工夫 ……………………… 126
　おわりに ……………………………………………………………… 129

❸　中学校① ……………………………………………………………… 130
　はじめに ……………………………………………………………… 130

1　学校経営方針と特別支援教育 ……………………………………… 130
　　2　通級指導学級におけるＰＴＡ参加の活動 ………………………… 131
　　3　通常学級におけるＰＴＡ活動の充実 ……………………………… 133

❹　中学校② ……………………………………………………………… 134
　はじめに ……………………………………………………………… 134
　　1　親の役割　〜子どもを理解する〜 ………………………………… 134
　　2　学校の役割　〜「合理的配慮」〜 ………………………………… 137
　　3　自立と社会参加のために …………………………………………… 138
　　4　共生社会の実現に向けて …………………………………………… 139

❺　特別支援学校① ……………………………………………………… 141
　　1　学校概要 ……………………………………………………………… 141
　　2　着実なＰＴＡ活動 …………………………………………………… 141
　　3　方向性の共有 ………………………………………………………… 142
　　4　本校のＰＴＡ活動 …………………………………………………… 142
　　5　保護者と共に ………………………………………………………… 145

❻　特別支援学校② ……………………………………………………… 146
　　1　鹿本学園について …………………………………………………… 146
　　2　ＰＴＡ活動について ………………………………………………… 147
　　3　交流及び共同学習について ………………………………………… 150
　　4　共生社会の実現に向けた親の役割について ……………………… 151

参考資料
執筆者一覧・作者紹介

第1章

学習指導要領等に示されている保護者(家庭)や地域の人々との連携の必要性

はじめに

　平成19年4月、改正学校教育法等の施行に伴い、特殊教育から発展的に転換された特別支援教育は平成28年4月に10年目を迎えた。この間、各学校においては、平成19年4月に出された文部科学省初等中等教育局長通知「特別支援教育の推進について」等に基づき校内委員会の設置、実態把握の実施、特別支援教育コーディネーターの指名、特別支援教育支援員の配置、個別の指導計画や個別の教育支援計画の作成・活用、さらに教職員研修など教員の専門性向上のための取組など、特別支援教育の体制整備が進められており、全国的に特別支援教育の理念や実践が浸透してきている。

　一方、国際的には、平成18年に国際連合総会において「障害者の権利に関する条約（以下、「障害者権利条約」という）」が採択された。本条約は、障害者の人権及び基本的自由の享有を確保し、障害者の固有の尊厳の尊重を促進することを目的として、障害者の権利を実現させるための措置等について定めたものである。我が国は平成19年9月28日に署名した後、障害当事者の参画を得ながら、障害者基本法改正や障害を理由とする差別の解消の推進に関する法律の制定等の国内法令等の整備を経て、平成26年1月20日（同年2月19日効力発生）、141番目の本条約の批准国となった。私たちは、障害者権利条約並びに国内の関係法令等の趣旨や規定を十分に踏まえながら、引き続き特別支援教育を着実に進めていかなければならない。

　本稿では、障害のある子供を支えるとともに共生社会の構成員でもある保護者や地域の人々との連携を基盤とした、特別支援教育や障害のある子供の理解の推進に焦点を当てて論じたい。

1　保護者や地域の人々との連携の重要性

　子供を中心に据えた上で、学校と家庭・地域との関係は車の両輪にたとえられたり、学校・家庭・地域が三位一体として語られたりすることがある。これは特別支援教育に限らず、学校教育全般にわたって言えることである。三者とも我が国の未来を担う子供の健やかな成長を願い、それぞれ

の場、立場で子供にかかわっている。

その際、それぞれの役割と責任を自覚することを前提とし、相互に連携及び協力することが重要である。保護者や地域の人々への特別支援教育、障害のある子供への理解の推進に当たっても三者の連携及び協力が基盤であることは言うまでもない。

学校と保護者や地域の人々との連携が、学習指導要領等でどのように規定されているか確認しつつ、その意義にせまってみたい。

（1）教育関係法令から

> **教育基本法第13条**
> 学校、家庭及び地域住民その他の関係者は、教育におけるそれぞれの役割と責任を自覚するとともに、相互の連携及び協力に努めるものとする。

> **学校教育法第43条**
> （準用規定：第28条　幼稚園、第49条　中学校、第62条　高等学校、第82条　特別支援学校）
> 小学校は、当該小学校に関する保護者及び地域住民その他の関係者の理解を深めるとともに、これらの者との連携及び協力の推進に資するため、当該小学校の教育活動その他の学校運営の状況に関する情報を積極的に提供するものとする。

> **社会教育法第3条第3項**
> 国及び地方公共団体は、（略）、社会教育が学校教育及び家庭教育との密接な関連性を有することにかんがみ、学校教育との連携の確保に努め、及び家庭教育の向上に資することとなるよう必要な配慮をするとともに、学校、家庭及び地域住民その他の関係者相互間の連携及び協力の促進に資することとなるよう努めるものとする。

（2）学習指導要領から

学習指導要領に保護者等との連携に関する規定が具体的に示されたのは、昭和46年に告示された「盲学校・聾学校・養護学校（精神薄弱教育、肢体不自由教育、病弱教育）小学部・中学部学習指導要領」である。第1章総則に「家庭等との連絡を密にし、指導の効果をあげるように努めること」

と示された。一方、地域との連携に関する規定が具体的に示されたのは、平成元年に告示された「盲学校、聾学校及び養護学校学習指導要領」である。同じく、第1章総則に「地域や学校の実態等に応じ、地域社会との連携を深めるとともに、学校相互の連携や交流を図ることにも努めること。特に、児童又は生徒の経験を広め、社会性を養い、好ましい人間関係を育てるため、学校の教育活動全体を通じて、小学校の児童又は中学校の生徒及び地域社会の人々と活動を共にする機会を積極的に設けるようにすること。」と示された。

現行（平成21年3月告示）の特別支援学校学習指導要領においては、第1章総則に「学校がその目的を達成するため、地域や学校の実態等に応じ、家庭や地域の人々の協力を得るなど家庭や地域社会との連携を深めること（抜粋）」と示されている。家庭や地域社会との連携は、学校の目的を達成するために必要なものであるという位置付けになっていることから、その重要性がうかがえる。同解説の記述は、次のとおりである。

> このように、学校がその目的を達成するためには、家庭や地域の人々と共に児童生徒を育てていくという視点に立ち、家庭、地域社会との連携を深め、学校内外を通じた児童生徒の生活の充実と活性化を図ることが大切である。また、学校、家庭、地域社会がそれぞれ本来の教育機能を発揮し、全体としてバランスのとれた教育が行われることが重要である。
> そのためには、教育活動の計画や実施の場面では、家庭や地域の人々の積極的な協力を得て児童生徒にとって大切な学習の場である地域の教育資源や学習環境を一層活用していくことが必要である。また、各学校の教育方針や特色ある教育活動、児童生徒の状況などについて家庭や地域の人々に説明し理解や協力を求めたり、家庭や地域の人々の学校運営などに対する意見を的確に把握し、自校の教育活動に生かしたりすることが大切である。その際、家庭や地域社会が担うべきものや担った方がよいものは家庭や地域社会が担うように促していくなど、相互の意思疎通を十分に図ることが必要である。さらに、家庭や地域社会における児童生徒の生活の在り方が学校教育にも大きな影響を与えていることを考慮し、休業日も含め学校施設の開放、地域の人々や児童生徒向けの学習機会の提供、地域社会の一員としての教師のボランティア活動などを通して、家庭や地域社会に積極的に働きかけ、それぞれがもつ本来の教育機能が総合的に発揮されるようにすることも大切である。

（3）「共生社会の形成に向けたインクルーシブ教育システム構築のための特別支援教育の充実（報告）」から

平成24年7月に中央教育審議会初等中等教育分科会が取りまとめた「共生社会の形成に向けたインクルーシブ教育システム構築のための特別支援教育の充実（報告）（以下、中教審報告）」に、学校と保護者や地域の人々との連携について、示されている。

> 3．障害のある子どもが十分に教育を受けられるための合理的配慮及びその基礎となる基礎的環境整備
>
> 　「学校・家庭・地域社会における教育が十分に連携し、相互に補完しつつ、一体となって営まれることが重要であることを共通理解とすることが重要である。教育は、学校だけで行われるものではなく、家庭や地域社会が教育の場として十分な機能を発揮することなしに、子どもの健やかな成長はあり得ない。子どもの成長は、学校において組織的、計画的に学習しつつ、家庭や地域社会において、親子の触れ合い、友達との遊び、地域の人々との交流等の様々な活動を通じて根づいていくものであり、学校・家庭・地域社会の連携とこれらにおける教育がバランスよく行われる中で豊かに育っていくものであることに留意する必要がある。」

（4）教育課程企画特別部会　論点整理から

中央教育審議会初等中等教育分科会教育課程部会教育課程企画特別部会は、平成26年11月、文部科学大臣からの「初等中等教育における教育課程の基準等の在り方について」諮問を受け、新しい時代にふさわしい学習指導要領等の在り方に関し、必要な事項について議論を重ね、平成27年8月26日に「論点整理」として取りまとめた。この論点整理においても、新しい教育課程が目指す理念の共有として、学校と保護者や地域の人々との連携に関する事項が整理されている。

> 　こうした取組を進めるに当たっては、新しい教育課程が目指す理念を、学校や教育関係者のみならず、保護者や地域の人々、産業界等を含め広く共有し、子供の成長に社会全体で協働的に関わっていくことが必要である。
> 　地域社会と教育の理念を共有していくことは、様々な教育課題に対して、学

> 校教育だけではなく社会教育と連携・分担しながら地域ぐるみで対応していくことにつながる。また、保護者の理解と協力を得ることは、学校教育の質の向上のみならず、家庭教育を充実させていくためにも大きな効果があると考えられる。国には、本「論点整理」を広く広報し、その成果を今後の審議まとめ等に生かしていくことが求められる。

　以上、法令等における学校と保護者や地域の人々との連携に関する内容を確認したが、共通していることは、子供の教育は学校だけが担うのではなく、家庭や地域の人々と共に行うべきものであり、そのことが大きな相乗効果を生み出すということである。そのためにも、家庭や地域の人々に特別支援教育や障害のある子供について正しい理解を促していくことが重要である。また、それぞれの教育機能がバランスよく発揮されること、学校教育、家庭教育、社会教育と言葉こそ分けられるが、主体である子供を軸に考え、それぞれが密接に関連していなければならないこと、そしてより関連を強めるためには、学校が主体性をもって取り組んでいかなければならないことなども強調されている。

　実際の連携に当たっては、まず組織的な連携システムを構築することが求められる。その際、窓口を明確にすることが重要である。保護者の窓口であれば担任、地域の人々の窓口であれば教頭が中心になることが考えられるが、連携する内容によって、特別支援教育コーディネーターや養護教諭なども参画するなど柔軟に対応できるようにすることが望ましい。連携した内容を可視化できるシステムを作っておくことも忘れてはならない。

　各学校においては、この連携システムを有効に活用して、特別支援教育や障害理解に関する情報提供や啓発等の取組を推進していっていただきたい。

第1章　学習指導要領等に示されている保護者（家庭）や地域の人々との連携の必要性

2　障害のある子供の理解とは

　「障害のある子供の理解」をどう捉えればよいのだろうか。単に子供の障害を知るという視点のみならず多面的に考えることが大切である。

　〜子供の障害の種類や状態等の視点〜

　視覚障害のある子供の場合であれば、その要因となっている眼疾患等や視覚障害の特性について知り、その子供の実際の見えにくさの状況を把握し、視覚支援機器の活用や教育的ニーズに応じた支援を適切に行えることを「視覚障害のある子供を理解している」とすることができるであろう。教育委員会や特別支援学校等が作成している「障害のある子供の理解と支援のために」などのタイトルが付されたリーフレットの多くは、この視点で作成されており、学校の教員にとって、丁寧かつ分かりやすいように工夫されており、障害のある子供への適切な指導と必要な支援を行うに当たり大変参考になるものである。これらを保護者や地域の人々にも知ってもらうことも大切であろう。その際、分かりやすく伝えるとともに、個々の障害の種類や状態、教育の内容や方法等に関する事項のみに終始するのではなく、それぞれの役割や教育機能を踏まえるなど広い視点から保護者や地域の人々の理解を推進することが望ましい。

　〜障害のある子供にとっての教育の権利の視点〜

　障害のある子供にとっての教育の権利という視点で「障害のある子供の理解」を考えてみたい。まず、障害者権利条約が、障害者を保護する対象としてではなく、「権利の主体」であると捉えていることに留意していただきたい。

　さらに、日本国憲法は、第26条第1項において「すべて国民は、法律の定めるところにより、その能力に応じて、ひとしく教育を受ける権利を有する。」としている。一方、教育基本法は、第4条（教育の機会均等）第2項で「国及び地方公共団体は、障害のある者が、その障害に応じ、十分な教育を受けられるよう、教育上必要な支援を講じなければならない」と定めている。また、障害者基本法は、第16条で「国及び地方公共団体は、障害者がその年齢及び能力に応じ、かつその特性を踏まえた十分な教育が

うけられるようにするため、可能な限り障害者である児童及び生徒が、障害者でない児童及び生徒と共に教育をうけられるよう配慮しつつ、教育の内容及び方法の改善及び充実を図る等必要な施策を講じなければならない。」と定めている。

　このように障害の有無に関係なく全ての子供は、ひとしく教育を受ける権利を有しており教育の主体者である。しかしながら、障害のある子供は、見えにくい、聞こえにくい、人間関係の形成が難しい等の困難があることから、障害のない子供と平等に教育を受ける権利を行使しにくい状況が生じる場合がある。そこで、障害のある子供が十分な教育を受けられるよう、国や地方公共団体（学校も含む）は、その子供の障害の状態に応じた適切な支援を行わなければならない。各学校においては、日本国憲法を始め、各関係法令等を踏まえながら、障害のある子供の自立や社会参加に向けた主体的な取組を支援するという視点に立ち、様々な取組をしている。「障害のある子供の教育の権利」の背景や意義を理解した上で、その権利を守り、行使できるようにすることについて、学校・家庭・地域社会それぞれの教育機能が相互に補完しつつ、一体となって推進していくことが重要である。

〜共生社会の形成の視点〜

　中教審報告では、その冒頭において、我が国が最も重点的に取り組むべき課題として「共生社会の形成」を挙げ、障害者に関する各施策の枠を超え、今後の我が国が目指すべき方向性を明確に示している。共生社会とは、これまで必ずしも十分に社会参加できるような環境になかった障害者等が、積極的に参加・貢献していくことができる社会であり、誰もが相互に人格と個性を尊重し支え合い、人々の多様な在り方を相互に認め合える全員参加型の社会である。私たちは、この共生社会を実現するためのあらゆる施策や取組等を推進していかなければならない。その際、障害のある子供を支えるとともに共生社会の構成員でもある保護者や地域の人々にも理解を推進することが重要になってくる。

　なお、我が国が若者も高齢者も、男性も女性も、難病や障害を持った方々も、一度失敗を経験した人も、みんなが包摂され活躍できる社会である

「一億総活躍社会」を掲げ、その実現に向けた取組を開始していることも忘れてはならない。

3　障害者理解を推進するために

　学校はどのように保護者や地域の人々に対して、特別支援教育、障害のある子供の理解を推進していけばよいのだろうか。主なポイントを紹介する。

（1）学校経営の基本方針等への位置付け

　学校経営の中核となる学校経営方針や学校経営重点目標等に、保護者や地域の人々に特別支援教育、障害のある子供の理解推進に関する事項を位置付けることが重要である。これは校長のリーダーシップのもと、組織として全校で取り組んでいくという決意であり、その基盤となる。具体的な計画は、PTA年間活動計画に盛り込んだり、設置者、地域にある関係諸機関、また地域の自治会等と連携を図りながら地域連携を円滑に行うための活動計画等を作成したりしながら進めることが考えられる。

（2）理解推進に当たっての校内体制整備

　だれが理解推進に関する業務を行うのかを、校務分掌に明確に位置付けることが重要である。新設する場合もあれば、既存の校務分掌に当該機能を加えることもできる。多くの学校でPTAや地域の窓口については副校長や教頭が担当していると考えられるが、内容によって計画段階から特別支援教育コーディネーターや生徒指導担当が加わるなど柔軟な対応が望ましい。また、その組織体制や窓口を校内だけでなく、保護者や地域の人々に周知することが大切である。

（3）関係機関との連携

　小学校や中学校等が、特別支援教育、障害のある子供の理解を推進する際、特別支援学校が持つ特別支援教育のセンター的機能を活用しつつ、障害当事者の協力を得たり、福祉や医療等の関係機関と連携したりすると効果的である。実際、障害当事者や専門家による講話、障害疑似体験、ワークショップ等を通じて、保護者や地域の人々に対して体験的に障害の理解

推進を図っている例もある。また、2020年東京オリンピック・パラリンピック競技大会を契機にして、障害者アスリートを招聘し、学校とPTAと地域が一体となって障害者スポーツを通じた障害理解の取組を行っている例もある。関係機関と連携する際は、だれに対して、何を、どのくらい理解してもらいたいのか等について事前に打ち合わせしておくことが重要である。

（4）理解推進のための情報提供

　前述のとおり学校教育法第43条で「小学校は、当該小学校に関する保護者及び地域住民その他の関係者の理解を深めるとともに、これらの者との連携及び協力の推進に資するため、当該小学校の教育活動その他の学校運営の状況に関する情報を積極的に提供するものとする。」と規定されていることを踏まえ、学校は特別支援教育や障害のある子供の理解推進について、保護者や地域の人々に対する理解を深め、積極的に情報提供をしていくことが求められる。情報提供の手段は多岐にわたるが、その趣旨を常に意識するとともに、障害のある子供が主体であることを忘れてはならない。

> ★情報提供の例★
> - 「校長室便り」や「特別支援教育だより」等、学校からの配付物
>   ※保護者に配布するだけではなく、地域の回覧を活用するなど。
> - 学校のWebページの活用
>   ※特別支援教育コーナーなどの特設ページを設けるなど
> - 生涯学習の視点から学校開放講座等の開催
>   ※障害者理解をテーマにした講座の開催など
> - 学校行事等の公開や授業参観
>   ※地域の不特定多数の方を対象とする場合は、防犯対策に留意
> - 文部科学省事業の活用
>   ※地域住民等の参加により学校教育活動を支援する「学校支援地域本部」、子供達に学習や様々な体験・交流活動を提供する「放課後子供教室」、及びすべての親が安心して家庭教育を行えるよう、保護者への学習機会の提供や相談活動等の支援活動を実施する「家庭教育支援」などの取組において、特別支援教育に関する情報を提供したり、体験的な活動を行ったりすることができる。

（5）評価と改善

　学校教育法第42条には「小学校は、文部科学大臣の定めるところにより

当該小学校の教育活動その他の学校運営の状況について評価を行い、その結果に基づき学校運営の改善を図るため必要な措置を講ずることにより、その教育水準の向上に努めなければならない。」と規定されている。

学校が行う保護者や地域の人々への特別支援教育、障害のある子供の理解の推進についても、学校評価等も活用しながら、計画的・多角的に評価し、改善していくことが重要である。評価の結果、学校の特別支援教育に関する取組が保護者に理解されていない、地域の人々に知られていないということであれば、その要因をしっかり分析し、以降の取組に反映させなければならない。ＰＤＣＡサイクルを回すことで、保護者や地域の人々に特別支援教育、障害のある子供の理解もより深まっていく。

なお、評価の観点については、例えば理解推進に関する取組の方法、内容、回数、保護者や地域の変容等が考えられる。

おわりに

障害の有無等に関係なく、全ての子供は将来、社会的・職業的に自立し、地域社会の中で自分の役割を果たしながら、自分らしい生き方をしていく。その実現には、その地域社会が、障害のある子供も積極的に参加・貢献していくことができ、誰もが相互に人格と個性を尊重し支え合い、人々の多様な在り方を相互に認め合える全員参加型の社会でなければならない。障害を理由に不当に参加が制限されるようなことがあってはならない。障害者基本法第4条の「差別の禁止」を具現化するために制定された障害を理由とする差別の解消の推進に関する法律の趣旨はそこにある。

地域づくりの核としての役割が期待されている学校が、共生社会の構成員たる保護者や地域の人々に特別支援教育、障害のある子供の理解を推進することを通じて、このような共生社会の礎を築いていっていただくことを期待したい。

文部科学省初等中等教育局特別支援教育課特別支援教育調査官　　青木　隆一

参考

特別支援教育の推進について（通知）平成19年４月１日
　http://www.mext.go.jp/b_menu/hakusho/nc/07050101.htm
障害者の権利に関する条約
　http://www.mofa.go.jp/mofaj/gaiko/jinken/index_shogaisha.html
障害を理由とする差別の解消の推進に関する法律
　http://www8.cao.go.jp/shougai/suishin/sabekai.html
障害者基本法
　http://law.e-gov.go.jp/htmldata/S45/S45HO084.html
「共生社会の形成に向けたインクルーシブ教育システム構築のための特別支援教育の推進（報告）」
　http://www.mext.go.jp/b_menu/shingi/chukyo/chukyo3/044/houkoku/1321667.htm
中央教育審議会初等中等教育分科会教育課程部会教育課程企画特別部会　論点整理
　http://www.mext.go.jp/component/b_menu/shingi/toushin/__icsFiles/afieldfile/2015/12/11/1361110.pdf

第2章

特別支援教育、障害のある子どもに対する保護者や地域の理解を進めるために

はじめに

　障害のある子どもの教育は、平成19年に特別支援教育が制度化されて以降、通常の学級に在籍する発達障害の子どもたちも含めて大きな広がりをもつこととなった。インクルーシブ教育システムの構築を目指している今日、保護者や地域の人々に障害のある子どもや特別支援教育に対する理解啓発を図ることは、「共生社会」形成の社会的基盤を作り上げる上で大きく貢献する意義を有している。しかし、長い歴史の中で形成されてきた人々の差別意識や偏見を取り除いていく作業は容易なことではない。国民のこのような意識や社会的慣習・制度の実態を踏まえ、国会は障害者虐待防止法や障害者差別解消法を成立させ、政府も特別支援教育を進める上での大きな障壁となっているとの認識から、種々の理解啓発事業を展開してきているが、意識の変革については、長期的な視野に立ち、持続的に取り組む必要がある。

　その際、特に発達障害のある子どもについては、保護者にとっても障害の認識をもちにくいことや、多くが通常の学級で教育を受けていることから、地域等においても多様なかかわりをもっていることなどを考慮し、関係者の意識の実態に応じた適切な対応が求められる。

　そこで本章では、発達障害をはじめとする障害のある幼児児童生徒の保護者、その周囲の保護者、そして地域の人々といった立場ごとの意識を分析し、それぞれの立場の人々の意識に寄り添った理解推進の手立てについて検討することとした。

1　当事者の保護者の理解と連携方策

　近年、発達障害のある子どもを中心に、通常の学級に様々な教育的ニーズを有する幼児児童生徒が大幅に増加しつつある。このことから、通常の学級における学習指導や学級経営の困難も増大しており、保護者等の理解・協力が欠かせない状況となっている。ところが、これらの幼児児童生徒及びその保護者の中には、学習や生活面でのつまずきや困難の背景に「障害」

の存在を疑ったことがないものも少なくない。そのため、適切な支援を行うために専門機関等への相談につなげること自体に大きな困難を伴う状況がある。他方、種々の情報を得て学校や教員に「合理的配慮」を求めてくる保護者もいる。保護者の理解の状態に応じて、障害を受容して個々の子どもの教育的ニーズに応じた指導とそのために必要な支援を的確に行っていくことについての理解を深めていくことがきわめて重要となっている。

　保護者の理解を得、連携しようとする際、その前提として教師の子どもに対する見方と保護者の見方の違いを認識して対応する必要がある。

　教師は、学級という様々な教育的ニーズを有する子どもたちの集団を基盤として、現在の子どもの姿をみて「何歳ならこのようになってほしい。このくらいのことはできるようになってほしい。」と考える傾向がある。そこで、学業や集団生活への適応がうまくいっていない子どもがいれば、「気になる。早く他の子どもと同じように取り組めるようになってほしい。」との願いから、専門的な助言を得て具体的な支援を考えたいと保護者に専門機関への相談を勧めようと発想する。

　他方、保護者は、自分の子どもを中心に置いて周囲との関係をみている。また、家族や親族、地域との関係などを考慮すれば、自分の子どもに障害

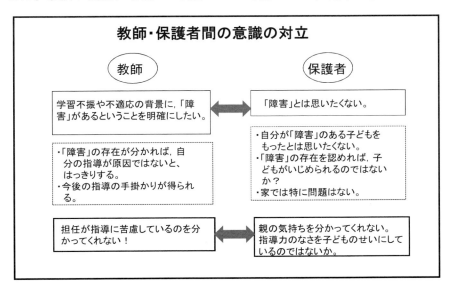

があるということは認めたくないという心情をもつことは避けがたいものがある。

このような視点の違いや保護者の心情を理解していないと、そこに意識のすれ違いや対立が生まれる可能性が高まる。

そこで、保護者の心情に寄り添いつつ、保護者がどのような意識にあるのかを見定めて、態度変容を促す支援・連携を進める必要がある。

まず、一番困っているのは子どもであって、本人が意識するしないは別として、一時も早い適切な支援を待ち望んでいるはずである。「障害」の有無の判断より、早期に具体的な支援の手立てを講ずることこそが大切であろう。特に、幼児期においては、診断が確定しないことも多い。だからといって、手をこまねいて様子見をするのではなく、必要な支援を行っていかねばならない。

その際、保護者の意識と「障害」受容の成熟に応じたスモールステップでの対応を検討する必要がある。

（１）子どもに障害があることを認めたくない保護者

学校の教師から、いきなり自分の子どもに「障害があるかも知れない」、「相談機関に相談したらどうか」と告げられたら、誰しも混乱し怒りの感情の方が強く湧いてくるのではないだろうか。保護者の多くはできれば子どもに「障害」があるとは思いたくない心情をもっているのである。障害の存在を想定していない保護者の場合には、教師への不信感を助長することともなりかねない。

子どもが学習や生活でつまずいているとすれば、その原因を探り、必要な支援を行うというのは、教師としては当然のことである。友人関係がうまくいかず悩んでいる子どもがいれば、真摯に子どもの相談に応じ、問題の解決を図ろうとするのも、同様に当然のことである。

大事なことは、今学習や学校生活を円滑に遂行することで困っている子どもに必要な支援を届けることであり、教師が子どものために全力で取り組んでいることを保護者に分かるように示すことである。

- つまずいているところがあれば、その部分を改善するための手立てのいくつかを保護者に示し、具体的な指導・支援の方策を保護者と相談するようにしたい。子どもが学習がよく分かり、学校生活を円滑に送ってもらいたいと願わない保護者はいないからである。
- そして、支援の手立ての中で保護者と合意できる範囲で、月単位程度の比較的短期の目標を設定して支援を始めるのである。
- その上で、定期的に指導の結果を保護者と共に見直し、子どもの状態に最も適合する支援内容・方法を一緒に探っていく。その過程で、保護者の理解を深めていくのである。

（2）障害の存在を一部は認めるが、全体的には認めない保護者

　このような保護者は、子どもが学習や生活面での困難をもっていることは理解しているが、少しずつでも進歩しているからとか、ある面では進んだ面があるからとかを理由として、将来に希望を託そうとする。そのため何とかして発達の遅れた面を取り戻そうと必死になる。教師の指導への要求が強くなるのは、このような保護者の揺れ動く心情の現れである場合が少なくない。

- こうした保護者に対しては、その願いを真摯に受け止めつつ、子どもの全体的な発達の姿を客観的にとらえ、今必要な援助は何かについて具体的に話し合うことが大切である。成長・発達の手掛かりとなる進んだ面、強みを生かし、伸ばしつつ、苦手な面や発達上の弱みとなる部分を一歩一歩丁寧に克服していくよう助言したい。
- 個別の指導計画や個別の教育支援計画を作成する作業を通じて、このような話し合いを重ね、保護者が見通しをもって子どもの援助に取り組めるようにすることが、この場合、重要となる。
- その過程で、揺れ動く保護者の心情を受け止め支える、心理学の専門家からの支援も大切となる。

（3）障害について客観的に理解し、連携して取り組もうとする態度に至った保護者

　障害の存在を客観的に見つめられるようになった保護者は、自分の努力もさることながら、子どもにかかわる周囲の人々の協力が欠かせないことを理解し、連携して問題の解決に取り組もうとする。このような保護者は、時には学校や教師に厳しい要望を行うこともあるが、それは自分の子どものことだけを考えてするのではない。むしろ、同じような悩みをもつ保護者の声を代弁し、よりよい解決を求めての提案と考えることができる。

> ・学校・教師としては、このような保護者の声を煙たい存在と考えるのではなく、幅広い理解啓発の推進者として活用し、学級内はもちろん、学校全体の力にしていくという発想が必要である。それは、保護者を特別支援教育推進の一方の主体として認知することであり、教育のパートナーとしての協力・協働関係を構築することである。

2　周囲の保護者、学校全体の保護者の理解推進

（1）学級の保護者への理解推進

　障害のある幼児児童生徒が在籍する学級の保護者など、直接当事者とかかわる立場にある保護者の気持ちは複雑である。自分とは関係ないと他人事とする場合もあれば、迷惑意識をもつ場合もある。「かわいそう」と思うのも、自分とは関係ないとする意識から生まれることもある。迷惑と考える場合には、その気持ちが担任教師の指導に矛先が向けられることもある。子育てへの不安をもつ保護者の中には、不安を増幅させてしまうこともある。

　障害のある幼児児童生徒が居場所を得て、安心して過ごせる学校環境を提供でき、安定した学級経営を進めることができるようになるためにも、周囲の保護者の正しい理解が不可欠である。

　周囲の保護者の理解を促していく上で、どの幼児児童生徒にとっても居場所のある学級づくりを進めることがその前提となる。学級担任をはじめ

第 2 章　特別支援教育、障害のある子どもに対する保護者や地域の理解を進めるために

関係するすべての教師が、このような学級づくりに参画することが、結果として保護者等の正しい理解を進める基盤となることを銘記すべきであろう。

居場所のある学級づくりは、次のような視点に立つ学級のことである。
① 　障害の有無にかかわらず、一人一人が学級の一員として尊重される学級
② 　障害のある子どもも包み込める包容力のある学級集団
③ 　落ち着ける、集中できる学級環境の確保

①の障害の有無にかかわらず、一人一人が学級の一員として尊重される学級を作り上げていくためには、次のような点に留意したい。

- 構成的グループエンカウンターなどを活用した人間関係づくりを進めたり、学級全員の協力による学級行事等での成功体験を積み重ねる。
- 不得意分野や不適切行動・逸脱行動にばかり目を奪われるのではなく、得意分野や適切な行動に注意を向け、賞賛・奨励する。得意分野を生かした係活動、当番活動を進める。
- 明確な学級のルールが存在し、規律ある学級は皆にとって生活しやすく居心地のよい学級となる。そこで、登校から下校までの生活の流れを一定のルールの下に整然と確立し、いじめや暴力は決して許さないという学級風土を作り上げる。

②の視点は、障害のある子どもばかりでなく、周囲の子どもを育てていくということである。

- 学校は学ぶ場、だからこそ「失敗は求めてもせよ」。失敗から学び成長することが学校であるという意識を形成する。
- いつでも誰でも、その場にいる人がサポーター。全児童生徒が自然に支え合い、励まし合う学級集団を目指す。
- いけないことは「いけない」と言える、高め合いのある学級集団に。

③の視点は、学習環境の整備という視点からの学級づくりである。環境整備を進める方法として、「構造化」の大切さが指摘されている。構造化は、掲示物を注意の拡散を防ぐよう配置することや指示を絵カードなどで見える化するなど「視覚的構造化」、道具箱、学級図書、ロッカーなどの置き場所を動線に沿って合理的に配置するなど「空間の構造化」、可能な

限り毎日のスケジュールを一定に保つなど「時間の構造化」、授業の流れや学習課題遂行の手順・分量などを調整するなど「活動の構造化」といった方法が提起されている。

このような居場所のある学級づくりを進めていく上で、周囲の保護者の理解も欠かすことはできない。学びにくさや生活のしにくさをもっている子どもにとって、困っているときに必要な支援の手をさしのべてくれる、また、努力したらしただけ、正当に評価してくれる周囲の大人が増えることは、学校生活を快適なものとする。そこで、学級という場において、保護者の理解を進めるために考えられる手立てとして、次のようなことに留意したい。

- 年度初めの学級保護者会の場において、一人一人の子どもが学級の一員として尊重される学級など、学級づくりの基本方針を説明しておく。
- 障害のある子どもが在籍しており、当該の保護者の了承が得られるなら、子どもの特性や関わる際の留意事項などを、より具体的に説明する。場合によっては、保護者自身に子どもの苦手なことや子育てしていく上で努力していることなどについて話をしてもらうことも考えられる。そして、保護者同士自分の子育ての苦労などを話し合うと、共感を得やすい。
- 障害のある子どもの保護者が孤立しないような配慮も大切である。当該保護者にも可能な範囲で学校・学級の行事などに積極的に参加し、他の保護者との人間関係を築くように働きかける。
- 当該保護者の了解を得て行うことであるが、学級だよりなどで、学習や生活で頑張っている様子などを他の子どもと同様に紹介していくことも大切である。
- 必要に応じて、学級保護者会、保護者懇談会などの場で、発達障害の理解などについて話題に取り上げ、話し合うといったことも考えられる。

（2）学校全体での保護者理解の推進

直接かかわる保護者の理解を進めるためにも、学校（園）全体の雰囲気づくりが大切となる。特別支援教育が制度化されて以来、校内委員会を設置し、特別支援教育コーディネーターが中心となって組織的・計画的に障害のある子どもの適切な指導と必要な支援が進められている。文部科学省

が作成した「小・中学校におけるＬＤ、ＡＤＨＤ、高機能自閉症の児童生徒への教育支援体制の整備のためのガイドライン（試案）」（平成16年１月）では、学校経営上の留意点の一つに「特別支援教育についての児童生徒や保護者への理解推進」を取り上げ、「あらゆる機会をとらえて理解の推進を図る必要があります。その際、校長が先頭に立って理解を進める努力を行うことが求められます。」として、保護者向けには、「学校だよりやＰＴＡ総会、研修会等でのあいさつ等。」を例示している。また、特別支援教育コーディネーターの役割の一つとして保護者との関係づくりを取り上げ、「障害のある児童生徒の保護者のみならず、障害のない児童生徒の保護者への理解を進めることが大切です。」と指摘している。そして、「保護者への理解を推進する上では、個人情報の保護の観点から情報の管理を慎重にし、誤解や学校への不信感が生じないよう配慮することが重要です。その上で、学校だよりやＰＴＡ活動、教育相談等の機会を活用してわかりやすく説明することです。」と留意すべき事項と理解推進の方策について述べている。

　学校全体での理解推進は、完成形のない課題である。常に課題意識をもち、校長を先頭に組織的に粘り強く取り組んでいくことが大切である。

3　地域の関係者や住民の幅広い理解推進

（１）地域の関係者の理解推進

　子どもたちの生活には、民生委員・児童委員（主任児童委員）や青少年委員、学童保育の関係者、児童館職員、学校施設開放運営委員や地域の文化・スポーツ団体の関係者、さらには地域の企業・事業所等など、様々な人々がかかわっている。これらの関係者は、何らかの形で障害のある幼児児童生徒とかかわりをもっている場合が少なくない。まず、これらの関係者の理解を進める必要がある。

- 学校が上記の地域関係者と出会う場としては、学校が主催するものとしても、学校評議員会、授業参観、学校保健委員会などがある。このような場では、学校の教育方針を説明したり、意見交換したりすることが必ずあるはずである。特別支援教育の意義や障害のある子どもに対する教育について、積極的に話題に取り上げ、理解啓発に取り組みたい。
- さらに、障害のある児童生徒を受け入れている団体・関係者とは、個々の子どもの障害の状態等に応じた配慮や接し方の留意事項などについて、特別支援教育コーディネーターや学級担任等と地域の担当者間で情報交換を行い、共通理解を得るよう努めたい。

（2）地域住民の理解推進

- 学校は、地域に向けた情報発信のチャンネルをいくつかもっている。例えば、学校だよりを地域の自治会等を通じて回覧している例がある。こうした場合には、個人情報の保護、人権に十分留意しながら、特別支援教育についての理解を促す記事を計画的に掲載していくことも考えられる。
- 学校のホームページを通じて教育方針の周知、日常の教育活動の紹介を行っている学校は多い。校長の教育方針の中で、特別支援教育の推進についてふれるとともに、障害のある子どもの理解啓発を図る活動を紹介していくことを検討したい。
- 運動会や学芸会など、地域の住民も参観する学校行事は、理解啓発の格好の機会ともなり得る。障害のある子どもも、障害のない子どもと共に懸命に努力する姿をつぶさに観ていただくことが正しい理解の第一歩と考え、保護者とも十分協議しつつ適切な配慮の下で実施を検討することも大切であろう。

　特別支援教育のみならず、福祉教育、人権尊重教育など、幅広い観点から地域住民に向けて理解の輪を広げていくことが、「共生社会」の実現に向けた地域における基盤の構築につながっていく。このような意識で、あらゆる機会を通じて理解啓発を進めていくことが重要である。

第2章　特別支援教育、障害のある子どもに対する保護者や地域の理解を進めるために

おわりに

　障害者基本法（最終改正：平成23年8月5日）の第7条では、障害者が地域社会で共生することについての国民の理解を深めるための国及び地方公共団体の責務を明らかにし、第8条では共生社会の実現に対する国民の努力義務を課している。本法を受けて、発達障害者支援法（最終改正：平成28年6月3日）では、第4条において「国民は、個々の発達障害の特性その他発達障害に関する理解を深めるとともに、基本理念にのっとり、発達障害者の自立及び社会参加に、協力するように努めなければならない。」と規定している。

　法令等で理解を促したからといって、保護者や地域社会の人々の意識がすぐ変わるというものではない。しかし、現在障害のある子どもの保護者の意識は確実に変化をしてきている。子どもの教育を行う場として通級による指導や特別支援学級、特別支援学校を選択する保護者が確実に増えてきていることがその現れであろう。法令の規定もその後押しとしての役割を担っていると考えられる。学校としては、このような学校内外の変化を敏感にとらえて、関係者・関係機関との連携を積極的に進めることが極めて大切となっている。

聖徳大学教授　河村　久

第3章

学校経営における
保護者や地域への働きかけ

1　幼稚園
2　中学校
3　特別支援学校

1　幼稚園

はじめに

　幼稚園は、全ての幼児が主体的な遊びが展開できる適切な環境の中で、多様な体験を楽しみ多様な人とかかわり、家庭では味わうことのできない体験等を通して成長を育んでいく学校教育のスタートの場である。このことは、特別な支援を必要とする幼児においても同様である。学校教育法第81条第1項では、幼稚園において、障害のある幼児などに対し、障害による学習上又は生活上の困難を克服するための教育を行うこととなっている。

　幼児の社会性や豊かな人間性を育むために、幼稚園は、「共に育ち合う」ことを理念に、特別な支援を必要とする子もそうでない子も全ての幼児に対して、幼児一人一人の発達や興味・関心に応じた教育を展開してきている。仲間として気持ちが通じ合うこと、自他の違いを感じて視野を広げることが期待できる。共生社会の実現に向けて、正しい認識と理解と行動につながることを願っている。

　年々、園内支援体制の整備が進み、巡回訪問指導等専門家の助言を指導や支援に反映できるようになってきている。しかし、一人一人の特性やニーズ、保護者の思いや願いは多岐であり、幼児理解、保護者と園の関係、保護者同士の関係、地域との連携等も課題である。

　本章のテーマは、保護者や地域の理解を進めるために、学校経営における保護者や地域への働きかけについてであるが、幼稚園教育の特性を踏まえた上で、全ての幼児や保護者にとって園生活を充実させることがテーマに迫る内容と考え、入園から就学までの本園の取組を述べさせていただいている。

1　園経営への位置付け

　園経営の中心に「かかわる」「想像（創造）する　」「行動する」ことを

キーワードに、幼児が様々なもの、こと、人にかかわりながら、直接的・具体的な体験の中で学ぶことをおき、ありのままの幼児の姿や保護者の思いを受け止めながら『子どもが主体の幼稚園』を基本理念として経営にあたっている。多様性の中で幼児が育ち合うことは、幼稚園教育の基本であり、特別支援教育の理解を深めたり充実したりすることにつながっていると考える。

更に園経営計画の中で特別支援教育についての項目を明記し、そのことを学級経営計画や自己申告にも位置付けるよう、指導・助言する。一人一人の幼児理解を深化させ、指導や支援についてや保護者との関係構築のための具体的な手立てを見出すなど、学級経営に反映されてきている。

2　入園決定までに

本区の受け入れ体制であるが、入園決定は、各申込園において臨床心理士も参加し、遊び環境の中で集団での行動観察、園長と親子面接、健康診断等を経て、教育委員会が行う。各園において、幼児一人一人の身体状況や発達上の課題について把握し、再面接（就園検討委員会）に該当する幼児かどうかを検討する。入園前から発達支援センターや通所型の療育施設等に通園している幼児の保護者へは、親子面接の際に再面接（就園検討委員会）について説明する。入園前には、特に相談機関等にかかわっておらず、面接当日不安が強かったり環境の刺激が大きく行動に現れたりした幼児には再来園してもらい、園長が保護者面談を丁寧に行っている。この面談が最初の保護者との関係構築において、ひいては、我が子のありのままの姿を理解するために大変重要である。他児との発達の違いを感じている保護者がほとんどであるが、そのことを受け止めることがまだ難しい状況だからである。不安な気持ちを受け止めつつ、寄り添う気持ちを第一に面談を行い、再面接（就園検討委員会）を受けることを勧める。

就園検討委員会は、精神科医、臨床心理士、園長、指導主事、教育委員会担当等で組織され、遊びの中での集団行動観察及び親子面談の後、受け入れについて検討する。原則受け入れの方針で話し合いが進むが、受け入

れの際の必要事項を明確に洗い出していく。支援をするための人的配置や車いす使用のためのスロープの設置等、施設の改善もできる限りの対応を考える。再面接（就園検討委員会）後、二次募集等で特別な支援の必要な幼児の入園希望があった場合は、適宜教育委員会と連絡を取り合い受け入れ体制を整えることに努めている。

3　園内支援体制

　保護者や地域の理解推進のためには、適切な支援を行うことによって、特別な支援を必要とする子もそうでない子も、安定して楽しく充実した園生活を送れることが必須である。そのためには、園内の支援体制確立が大きな課題となる。

（1）園内委員会の活用

　毎月実施する園内委員会では、特別支援教育コーディネーターが中心になり、管理職や学年主任が特別な支援を必要とする幼児一人一人の指導・支援について協議するとともに、担任が指導に困難さを感じている気になる幼児についての協議も行う。その後、全職員参加によるケース会議において、その課題や具体的な指導・支援の方向性を見出していく。

（2）地域の関係諸機関との連携推進

　子ども家庭支援センターや保健所、乳幼児療育施設等からの情報提供や、特別支援学校の特別支援教育コーディネーターによる巡回相談、専門家による巡回指導等で専門的判断や指導を受ける。また、乳幼児療育施設へは保護者の了承のもとに見学を行い、支援に関しての協議を行う。

（3）支援に向けて

　関係諸機関との協議内容も生かしながら、園内委員会やケース会議後に作成した「個別の指導計画」をもとに支援を進める。支援内容の共通理解と方針のもとに行い、担任以外の誰であっても同じ行動や行為に対して同じ働きかけができるようにすることが基本であるが、状況に応じ、園長の立場として、担任の立場として等、多様な見方で支援していくことも考慮している。

4　学級経営への位置付けと指導の充実

　特別支援教育に関して、園経営計画を受け学級経営にも明確に位置付けることが重要である。学級の指導が充実し、幼児全員が安心・安定して過ごし、学級全体が安定することが基本である。学級が不安定であるとその対応に担任が追われるため、特別な支援を必要とする幼児以外の保護者に我が子をもっと丁寧に見てほしいという思いが募る。特別支援教育の理解を進めるためには、全ての子どもに対して、一人一人の教育的ニーズに応じた指導が行われ、そのことがその保護者に伝わり実感できるようにすることが重要である。そして、指導の充実のためには、常にPDCAサイクルにおける実践の向上が求められる。

（1）共に育ち合う学級経営

　幼児は自分の思いや考えを言葉や動きで表しながら、自分のしたことを実現させていく。しかし、特別な支援を必要とする幼児は、その表現の在り方が、幼児同士では受け止められにくいことが多くある。その表現に対して、自分との違いに気付き、怖がったり排除したりする幼児も見られる。その場合には、その幼児の思いやその背景を丁寧に受け止め、理解しながらかかわり方を知らせるようにしていく。幼児は、その子の行動や行為が気になるのである。一方が我慢する対応ではなく、該当の子が納得できるような対応を重ねることで、自分なりの理解が進み対応ができるようになる。仲間として認め合える学級集団を育てる経営を推進していくことが求められる。

（2）教員の力量を高めるための研修

　幼稚園の教育は、先述したが集団の生活の中で一人一人の発達や興味に応じて成長を育んでいくものである。つまり、集団と個の育ちを共に大切にするものである。特別な支援を必要とする幼児の理解を深めることはもとより、学級経営の充実の視点で研修を充実させることが重要である。

①園内研修

　特別な支援を必要とする幼児の個としての理解を深め、指導や支援の在り方を学ぶために、臨床心理士や言語聴覚士等、外部専門講師の招聘を計

画的に位置付ける。

　また、各学級が研究保育を行い、学級経営の視点から、幼児教育で大切にしていかなければならないことを、講師より指導を受ける機会をつくるとともに、ＯＪＴを活用しながら日常的な研修を進めている。

②園外の研修会

　園外の研修会にも積極的に参加できるように、管理職が情報提供をしたり補教体制を整備したりする。そして、研修に参加した教員は終了後に報告（伝達研修）を通して、園全体の質の向上を目指す。

　研修に関しては、本務の教員だけでなく、支援員においても適切な支援ができるように研修の機会を設けている。

（３）ティーム保育

　幼児の日々の生活は、自分の選択した自発的な遊び（好きな遊び）と集団での活動（担任が計画した一斉で行う活動等）や生活がバランスよく展開されていく。園内の様々な場で遊んだり活動したりすることから、担任以外の教員や職員（用務主事等も含む）全てが、ティームの一員として日常的にかかわっている。

①「園担任」として

　担任以外の教員も「園担任」として園全体の幼児を見ていく意識が大切である。この意識のもとに、園内委員会やケース会議等で作成した個別の指導計画をもとに支援の方向性を共通理解し支援に生かしていくことができている。

②支援員との連携

　担任と支援員との情報の共有化の方法として、視点にそった記録をとりためることで変容を見とっている。しかし、記録の交換だけでは伝わりにくいことも多い。支援内容の振り返りや確認、変更等を、適時行っていけるような情報交換や共有の時間をつくることが必要である。

5　保護者の理解推進のために

（1）特別な支援を必要とする幼児の保護者との共通理解

　園での集団生活と家庭での生活では、幼児の姿の見え方、理解の在り方が同じになるとは限らない。どちらの姿もその幼児の姿であることを受け止める。家庭・地域での幼児の様子を一番把握している保護者との共通理解は大前提である。

①園長と個人面談

　日常的な対応や相談に関しては幼児の一番身近な担任であるが、職員数の少ない幼稚園では、園長の具体的な保護者対応も重要となってくる。園長の視点から定期的な面談を行うことは、園の特別支援教育に対する方針を具体的に伝える機会となる。

　幼児の、参観日や行事等の姿と日常の姿とが大きく異なる場合も少なくない。日常の園生活の様子を映像（映像にすることは事前に確認をとる）等で記録し、成長の姿を実感してもらうとともに、具体的な課題と支援の在り方を確認し合っていく。

　保護者の気持ちに徹底的に寄り添い、受容し、聴くことを最優先する。現時点の悩みや不安から、少し先の将来や就学に向けての見通し等についても確認を行っていく。

　早期発見や早期療育の重要性を認識しつつ、障害の有無をはっきりさせるための診断を求めたり障害受容を望んだりするのではなく、保護者の揺れ動く心に徹底的に寄り添う構えを示し、信頼関係のもとに幼児理解を深めていく。

②関係諸機関につなぐ

　幼児の発達を理解し適切な支援を見出すために、カウンセラーや臨床心理士、言語聴覚士等の専門的な助言が大変重要である。保護者と園との信頼関係を基盤に、次のステップへ進むために、相談の機会を設定したりすることも必要である。家庭のことや子育てのこと等、園長や担任に相談できないようなことが、外部の専門家なら話せるという場合もある。相談の結果、適切な療育を受けるきっかけとなることも多い。保護者へは、周り

にはたくさんの支援者がいることを感じることにつながればと願っている。

（2）学級・園全体の保護者の理解啓発

本園は、40年前に障害児学級を都内で初めて計画し認可申請をした園である。障害児も共に生活する、当時の「統合保育」を始めた園である。その歴史の積み重ねがあるため、「共に育ち合う」意識の高い保護者が多いと思われる。しかし、最近は少しずつではあるが保護者の意識変化も感じるところである。集団での動きができにくかったり、自分のペースで行動したり衝動的な行動をしたりする発達障害といわれる幼児に対しての理解は、段階と時間が必要となってきている。それは、特別な支援を必要とする幼児の保護者に対しての理解も同様である。

①ＰＴＡと共に

障害の有無に関係なく、子育てに対する不安や悩みを抱えている保護者は増加の傾向が見られる。情報過多の現代において、第一子の場合は全てが初めてであることから自分の子育てに自信をなくし、また、兄弟姉妹がいても過去の状況との比較から不安を感じる保護者がいる。

このような状況の中、ＰＴＡを巻き込みながら、幼児期の子どもの育ちについての理解や、保護者のかかわり方等の研修会を企画することは、全ての保護者にとって効果的である。本園では、行政の支援を受けながら教育委員会委託講座として子育て学習講座を毎年企画している。「叱らない子育て」「気になる子」「子どもの行動理解と脳の発達について」等のテーマで研修会を行った結果、「自分の子育てに生かすことができた」、「特別支援教育に関して知識として理解が深まった」という保護者の感想も寄せられた。

②園長との懇談会

定期的に懇談会の場を設定し子育てトークを行う。特別な支援を必要とする幼児の保護者は、学級の保護者との関係づくりに悩んでいることがある。園長は、幼児教育の専門家としての助言を行うが、その中で、該当者が本音を話したり、周囲がその気持ちを感じとったりしながら理解を深めていく機会となる。園長がコーディネーターとなり、少人数で話し合うことにより、本音を表しやすくなっている様子も見受けられる。子育てトー

クに参加した保護者が特別支援教育に関して理解を深め、学級の中でキーパーソンとなり、「親も子も育ち合う関係」になるための雰囲気づくりに貢献してくれている。

③トラブルに対する迅速な対応

　言葉で思いが表せない、衝動的に体が動いてしまう等から、友達を噛んだり叩いてしまったりするトラブルも起こる。幼児期には特別な支援を必要とする幼児でなくても起こりうるが、そのことが誤解につながり、大きなトラブルへと変化していくことがある。担任が小さな出来事を見逃さず、支援を必要とする幼児の行動特性を、学年や園全体で共有し、繰り返すことが少なくなるように援助の在り方を工夫するとともに、両者の保護者に丁寧な対応を行うことが重要となってくる。

　園で起きたことは園の責任であることを理解していただくことを基盤に、事実として知らせながら、園としての具体的な対応を示し協力を得られるようにしていくことが必要である。

　全ての保護者に、「子育てにはいろいろなことがあるが、楽しく、自分自身が育てられている」と感じられることを願っている。

6　地域の理解を進めるために

(1)　地域の幼児教育のセンターとして

　幼稚園は子育ての支援のために、保護者や地域の人々に機能や施設を開放して、関係諸機関等との連携を図りながら、幼児期の教育の相談に応じたり、子育て情報や保護者同士の交流の機会や場を提供したりするなど、地域における幼児教育のセンターとしての役割が幼稚園教育要領の中にも明記されている。このことは、入園前の特別な支援を必要とする幼児、およびその保護者に対しても同様であり、重要な子育ての支援となる。

①未就園の親子登園

　入園前から、親子登園や園の行事に参加することによって、同年齢の幼児とかかわったり、在園児の姿から我が子の成長の姿を想像したりしながら、発達を理解することにもつながる。その際に状況に応じて相談機関を

紹介することもある。また、支援を必要とする幼児の保護者同士が知り合う機会となり、悩み等を出し合う様子も見られる。

　親子登園は障害の有無にかかわらず、入園前から、「共に育つ」ことへの理解を深めるための機会となるため、働きかけを丁寧に行っている。このことは、入園前から一人一人の発達の違いや行動の違いを理解することにつながってきていると思われる。

②先輩保護者からの学び

　本園では、特別な支援を必要とする幼児の先輩保護者が自分の当時の経験や現在（小学校以降）の子どもの様子、成長の姿やかかわり方等を話す機会をつくっている。地域に相談できる先輩保護者がいることは、特別な支援を必要とする幼児の保護者にとって安心感を生み、地域における特別支援教育の理解を進める上で大変効果が上がっていると考える。また、地域における保護者同士のネットワークづくりにも貢献していただいている。

（2）小学校との連携

①幼稚園・小学校の相互理解

　小学校の学校公開等に積極的に参観し、就学後の様子を理解することは、園の指導や支援を振り返ったり改善したりすることに有効である。また、小学校の特別支援教育コーディネーターや低学年担任、管理職が行事等に幼稚園を訪問し、入学前の幼児の様子を観察したり情報提供を求めてきたりすることも増えてきている。子どもの発達や学びが連続していることを踏まえ、大変意義のあることである。

②就学に向けて

　就学相談を重ねた結果就学先が決定され、就学先との綿密な連携が必須となるが、就学先と温度差を感じる場合が未だある。幼稚園と小学校の学習や生活スタイルの違いによることも多いが、幼児のみならず保護者の戸惑いが大きいことも現状である。互いの独自性を理解しながら、幼稚園での生活、支援、成長の姿を就学支援シートや引き継ぎ会等でしっかり引き継いでいかなければならない。

（3）学校評議員会での説明・周知

　年3回の学校評議員会（学校関係者評価委員会を兼ねる）では、第1回

目に、園の経営計画の中に位置付けられた特別支援教育について説明を行う。特別な支援を必要とする幼児を特定することなく、保育を参観していただき、園の方針に対して理解と支援を求める。学校評議員の方は地域の応援団として、園での幼児の様子や園の取組、教員の実践等を地域の諸会合で伝え、理解を促す役割を果たしてくださっている。

おわりに

　保護者理解・地域理解を推進するために、「保護者や地域への働きかけについて」をテーマに、園経営の位置付けから園長の立場として取り組んでいることを述べてきた。障害のある子もない子も、「共に育ち合う」ための環境整備を進めていくために、園長の役割は重大である。園長が特別支援教育推進に対してリーダーシップを発揮し、教育理念を行動化して示していくことが何よりも重要である。

　園長自身が特別支援教育の実践者・支援者の一人として、当事者として、幼児や保護者や地域とかかわる姿勢を見せることが、教職員の実践意欲や資質向上につながると考えている。常に子どもたちの最善の利益を保障するために、最新情報の収集と提供を心掛け、自身の感性を磨く努力と学び続ける姿勢を持ち続けていきたい。

　共生社会の実現に向けて、全ての幼児が一人一人の発達やニーズに応じた指導や支援を受けることができ、安心して自己発揮できる環境を整備していくことが我々の責務であると覚悟を新たにし、今後も特別支援教育の理解を広く進めていくために、保護者や地域に積極的にかかわり、課題改善に取り組んでいきたい。

練馬区立北大泉幼稚園長　　関　美津子

2 中学校

1 八王子市立いずみの森小中学校の概要

　本校のある八王子市は、大正6年の市制施行から平成29年で100年を迎える。また、平成27年4月からは東京都初の中核市となり、東京都における多摩地区牽引役として発展することが求められている。緑豊かな市全域に住宅地域が広がり、その中に商業・工業地域がバランス良く配され、また、大学が21校あることから学園都市としての役割も担っている。

　本市の東南に位置し中心地域としての役割を果たすJR八王子駅は、甲州街道が通る北口が古くから発展していた。南口は閑静な住宅地となっていたが、平成23年4月に南口広場や商業施設のある高層ビルと文化施設の再開発事業が終わり、新たな地域役割が求められつつある。

　本校は、そのJR八王子駅南口に位置し、駅から徒歩7分と立地条件が良い。駅の南に広がる住宅地から通学する生徒もいるが、市内各地域からのアクセスが良いこと等の理由から、本市が実施している学校選択制を利用して隣接・他学区から入学する生徒もいる。市全体が長期的には少子化傾向があるのに対し、本学区については、児童・生徒数が増加傾向にあると推計されている。

　学校の自然環境は市街地の学校としては特に優れ、三方は静かな住宅街に囲まれ、南方面は道路を隔て湧水池をもつ公園がある。後述する校名や校歌に謳われる泉の森とは、高尾山を含む低山から校庭南側の前方まで続くなだらかな丘陵端から泉として湧き出る地に由来する。湧水は道路をくぐり、校地内に引き入れられるなど、公園と学校は四季折々の自然が美しく、一体感のあるものとなっている。

2 本校における特別支援学級

　本市は小中一貫教育を推進しており、八王子市立いずみの森小中学校本

第3章　学校経営における保護者や地域への働きかけ

校は第六小学校と第三中学校が統合し、現在4校ある小中一貫校の4校目として、平成24年に開校した。第六小学校と第三中学校の校地は隣接し、その利点を活かし、小中一貫校開校と共に校舎間に渡り廊下を設置し、それまでデリバリー方式による給食を実施していた中学校に、小学校で調理した給食を提供できるようにした。現在もそれまでの第六小学校及び第三中学校の校名や法的位置付けを残しながらも、小中一貫校として一体感のある教育活動の実施に努めている。

　なお、平成30年度から2年間、中学校は近接地の仮校舎に移動し、現中学校敷地に新校舎が建設される。平成32年4月から供用される新校舎には中学校に加え小学校も入り、新たに義務教育学校として開校する予定である。

　本校の学級編制は、下表のとおりである。通常の学級は小学校及び中学校共に全学年3学級である。

　特別支援学級については、固定（知的）学級が小学校（平成24年度開級）、中学校（昭和28年度、多摩地区で最初の開級）両方に設置されている。

　また、通級指導学級は、小学校に言語障害学級及び日本語指導学級、中学校に自閉症・情緒障害学級が設置されている。

		小学校			中学校		
		学級数	児童数	教員数	学級数	生徒数	教員数
通常の学級		全学年3	546	24	全学年3	280	19
特別支援学級							
		名称	児童数	教員数	名称	生徒数	教員数
固定(知的)学級		いずみ学級	11	3	6組	31	7
通級指導学級							
	情緒障害				フレンズ	19	3
	言語障害	ことばの教室	35	3			
	日本語指導	日本語国際学級	36	3			

3　中学校固定（知的）特別支援学級

　教育活動における最大のリソースは人と認識し、中学校固定（知的）特

47

別支援学級では保護者・地域に対し、以下のとおり働きかけている。

（1）学級の状況

　卒業後も地域において長く生活し、多く活動する通常の学級の生徒との交流は、当学級生徒が地域コミュニティーで生活する上で大切であるとの認識の下、学校生活においても共同学習等の交流場面を多く設定している。全校・学年朝礼、学校行事については、交流学級の一員として参加する。また、体育祭の種目においても、障害の程度を適切に考慮し、交流学級が取り組む早朝練習を含む練習、競技に参加する。生徒会活動についても、一部の委員会活動についても参加する。教科学習活動においては、習熟及び支援の程度により一人1教科以内を原則とし、通常の学級で授業を受ける生徒もいる。

　また、卒業後の就労に向け、就業技術科のある都立特別支援学校への進学を目指す生徒もいる。長期休業日に面談に加え、補習を実施し、その目的に応じた指導を実施している。なお、過去5年間の累計進路状況は、特別支援学校35名（76％）、専門学校・私立高等学校9名（20％）、都立高等学校2名（4％）である。

（2）保護者への働きかけ

　教育活動、進路等についての保護者の理解・支援が大切であることから、生徒の学校生活・学習状況等の学校における日々の様子について、連絡帳に加え、電話・面談・手紙により学校から情報提供・報告を定期的又は適宜行っている。また、訪問した上で保護者と情報を交換することが有効であるものの、保護者の状況から実施が困難なケースについては、電子メールを活用するなどの方法をとっている。

　一方、子供の保護・指導について、学校をはじめとする関係機関からの支援を必要とする家庭もある。児童相談所が関わることもあるが、家庭とのつながりが長く、また保護者の状況も十分把握していることから、本学級が主に相互連携しているのが子ども家庭支援センターである。卒業生の事例ではあるが、生活の場としていた児童養護施設での勤務経験者がその後同センターに勤務することとなった。生徒の障害特性等を十分理解していることから、本人に対し月2回、保護者には月1回の相談・助言・心理

ケアをしている。また、学校からの要請に応じ生徒間のトラブルについても保護者同席の下に対応している。これらについて、学校と同センター間では状況等について相互報告している。

　また、医療機関との連携についても重要である。病院におけるケース会議に教員4名と共に同センター職員も出席し、情報を共有することでその後の対応の方針を定めている。

（3）地域への働きかけ

　小学校から引き続き9年間通う生徒もいる。在籍31名中10名が徒歩、他は鉄道・バス路線ターミナルのJR八王子駅から学区内を歩いて通学する。当学級生徒にとって、地域住民から障害特性等について理解を得て、地域住民ともコミュニケーションをとれるようになることは大切であり、生徒が活躍する場を地域に確保することは学校の責務といえる。

　年2回の青少年対策地区委員会が主催する学区域一斉クリーン活動への参加に加え、地域町内会長からの要望を受け、学区町内会の夏祭に10年来参加している。かつて和太鼓部に所属した通常の学級の生徒がリズムをアレンジした石川県に伝わる豊作祈願の「龍神太鼓」を演奏している。祭では当学級及び通常の学級の卒業生が演奏を支援するとともに、在校時からの地域との交流を継続させている。地域住民は、当学級教員の指導・支援等の見聞を通し、特別支援教育について理解・評価する。

4　地域コミュニティーの中核となり得る義務教育学校として

　新設の義務教育学校には地域コミュニティー施設、学童保育所及び保育所が併設され、地域の教育及びコミュニティーの中核としての役割が求められる。特別支援学級児童・生徒についても、9年間の学校生活、放課後学習、下校後の地域での生活を指導・支援するのは地域人材となる。本校及び特別支援学級が地域の理解をより一層得るため、保護者・地域への発信・働きかけを継続・強化することが大切である。

東京都八王子市立楢原中学校長　　堀江　朋子

3 特別支援学校

はじめに

　「学校・家庭・地域という3本の丸太がしっかりとした筏（いかだ）を組み、様々な荒波を乗り越えて、子どもたちを確実に目的の港まで送り届けたい」……学校と家庭・地域が一体となった教育を進めることを願い、校長として、保護者や地域の人々に向けて、様々な場面で、様々なことばを借りながら、理解と支援をお願いすることがある。

　しかし近年では、保護者の教育観や価値観の多様化、地域における人間関係の変化等に伴い、「子どもたちの健全な育成」という目標提示だけでは、学校・家庭・地域の三者をしっかり束ねることが難しくなったといわれている。

　加えて特別支援教育においては、児童生徒の障害の重度化や多様化の進行とともに、保護者の価値観や教育観にも多様化が進んでいる。さらに多くの特別支援学校では、学校が置かれている**地域**と児童生徒が生まれ生活する**地域**とが必ずしも同じではないという事情も、学校・家庭・地域を束ねることの難しさの要因となっているように感じられる。

　こうしたことから、校長には、これまで以上に、

　○**特別支援教育（及び自校）が目指す社会や人間像**
　○**児童生徒の障害理解と一人一人の良さや可能性への信頼**
　○**自校における教育の内容と児童生徒の活躍の様子**

などについて、児童生徒と職員に対して学校経営の方針を徹底するとともに、保護者や地域の方々に対して、これをできるだけ分かりやすく伝えながら理解を促していくための工夫が求められている。

　以下では、特別支援教育と自校の取組への理解を得るために、地域や保護者等に伝えたいことがらと、そのための方策について、いくつかの例をあげながら考えてみたい。

1　理解推進のため、保護者・地域に伝えたい3つのことがら

（1）特別支援教育が目指す社会と人間像について

　平成19（2007）年4月、改正学校教育法の施行に伴って、特殊教育から特別支援教育への転換が図られた際に、「特別支援教育は、障害の有無やその他の個々の違いを認識しつつ様々な人々が生き生きと活躍できる共生社会を形成する基礎となるものである」と、この教育が目指す方向は共生社会の実現であるということが述べられた。

　さらに、平成24（2012）年7月、中央教育審議会初等中等教育分科会の報告では、「共生社会とは、これまで必ずしも十分に社会参加できるような環境になかった障害者等が、積極的に参加・貢献していくことができる社会である。それは、誰もが相互に人格と個性を尊重し支え合い、人々の多様な在り方を相互に認め合える全員参加型の社会であり、このような社会を目指すことは、我が国において最も積極的に取り組むべき重要な課題である。」と述べられている。これにより、将来の共生社会の姿が明示されるとともに、社会全体でその実現を目指そうという方向性が改めて示されたことになる。

　校長は、自校の教育活動が、将来の共生社会のしっかりとした担い手の育成につながるものであることを、校内のすべての児童生徒及び職員に徹底するとともに、様々な機会を通じて、保護者や地域に対し、分かりやすく伝え、理解を得ていかなければならない。

（2）障害理解と児童生徒一人一人の良さ・可能性への信頼について

　これまでの学校や社会における「障害理解」は児童生徒（障害者）が抱える困難の詳細とその背景及び要因を正しく把握するとともに、その対処方や一人一人に応じた支援の方法を考え、適切に実践できるようになることであるというとらえ方が一般的であったように思われる。

　これは、児童生徒を支援の対象としてとらえ、支援者の側からの視点で理解しようとするものであり、今後の、共生社会の実現を目指す学校における理解としては不十分なものであると感じざるを得ない。

　私たちは、学校生活を通じて、児童生徒が様々な障害や困難を抱えなが

らも、その根本では、どの人も周囲の人々とのかかわりを求め、かかわりの中で安らぎ・安定を得ながら、次第に自ら主体的に成長し、同時に、周囲の人々をも成長させる豊かな力をもっている人たちであることを学ぶことができる。

校長は、こうした、児童生徒の根本にある一人一人の良さや可能性への信頼を、校内に徹底させるだけでなく、保護者・地域の人々の中にもしっかりと広めていかなければならない。

これは、児童生徒及び障害のある人々を「支援対象」としてのみとらえることを改め、「相互に支え合う主体者同士（共生社会のパートナー）」として理解し合おうとする方向に転換しようとする決意を、保護者・地域に向けて表明し、広めていくことでもある。

（3）学校における教育の内容と児童生徒の活躍の様子について

特別支援学校においては、児童生徒一人一人に応じた指導内容・方法を工夫し、これを授業に生かすことが、魅力ある学校づくりのための大きな武器となるが、一方では、その柔軟性が、保護者や地域から見た学校の分かり難さにつながりかねないことにも注意が必要である。

中でも、障害種別ごとの自立活動の内容や、知的障害教育校における各教科の内容、各教科と「領域・教科を合わせた指導」との関係などについては、「個別の指導計画」策定のための保護者との面談等の場を生かして、より丁寧な説明を行うことが求められる。

児童生徒の日頃の学習の成果や、様々な場面での活躍の様子を知ってもらうことは、特別支援教育及び自校の教育を保護者や地域に理解してもらうための最も有効な手段の一つであり、同時に児童生徒にとっても、自己肯定感と有用感を高め、より積極的に人や社会とかかわりをもとうとする意欲や態度を培う上で、大きな効果が期待できる。

校長は、自校の教育課程の特長と、児童生徒の学習の成果や活躍の様子等について、広く保護者・地域に発信するよう、校内の職員や児童生徒に働きかけるとともに、発信・発表の場づくりについて、コーディネーターとしての役割を果たすよう努める必要がある。

第3章　学校経営における保護者や地域への働きかけ

2　聴・病・肢・知、4障害併置校における取組
平成24年度　岩手県立一関清明支援学校の学校経営から
テーマ　～「ありがとう」があふれる学校づくり～

（1）学校の概要

　一関清明支援学校は、平成20年4月、それまでの一関聾学校（聴覚障害）と一関養護学校（病弱）が統合され、これと同時に、知的障害と肢体不自由のある児童生徒を受け入れる学校へと転換され、当時、全国ではじめて、合計4つの障害種に対応することとなった学校である。

　2校の統合後も、従来の2つの校舎と1つの分教室を活用していることに加え、地域における「共に学び・共に育つ教育」の推進のために、一関市立千厩小学校の中に小学部の分教室が、千厩中学校の中には中学部の分教室が開設されており、合計2つの校舎と3つの分教室を運営している。

　平成23年3月には、東日本大震災により校舎の一部損壊を経験したが、平成24年度当時は、本校舎の新築・移転に合わせて知的障害部門の高等部を設置するなど、教育環境の拡充が進められていた時期でもあった。

　なお、本校舎の移転・新築後も、全校舎・教室の一体的な整備は実現に至らず、2校舎3分教室制は、現在も継続している。

■平成25年5月1日現在の学校概況（各校舎・分教室の対象障害種と在籍者数）

	校舎・分教室	障害種	幼	小	中	高	小計	計
1	本校舎	聴	5	1	1	—	7	94
		病・肢	—	2	9	25	36	
		知	—	—	22	29	51	
2	山目校舎	病・肢	—	15	—	—	15	25
		知	—	—	10	—	10	
3	あすなろ分教室	病・肢（重）	—	1	2	13	16	16
4	千厩分教室（小）	知	—	14	—	—	14	14
5	千厩分教室（中）	知	—	—	8	—	8	8
	全校合計		5	43	42	67	157	

（２）学校経営のテーマ設定と実践

①学校経営のテーマ（キーワード）と具体的な重点項目の設定

　「４つの障害種」と「５つの教育の場」という多様性を課題とする学校の経営にあたって、第一に考慮したのは、児童生徒・職員・保護者がそれぞれの違いを超えて共有できる、分かりやすい目標を提示することの必要性である。統合から数年を経過する中で、児童生徒の中には、

　　○聴覚障害児と一緒に授業に参加する中で、**病弱児も手話を覚える**など、**より自然な形で、児童生徒のコミュニケーション力が育まれている。**

　　○聴覚部門の幼児・児童と一緒に生活する中で、これまでは自己肯定感に乏しかった病弱部門の高校生が、明るさや積極性を取り戻し、実習や震災復興のボランティア活動等にも進んで参加するようになった。

などといった、統合によるプラスの効果が数多く見られていた。

　こうした児童生徒の良さをより一層発揮してもらい、共生社会の実現という目標を保護者・地域を含むみんなで共有するため、『**「ありがとう」があふれる学校づくり**』のキーワードを掲げ、併せて、

　　○居住地域の学校との交流・共同学習の充実
　　○キャリア教育と復興教育の充実と、児童生徒の有用感の向上
　　○実生活に役立つ学力と言語力を高める授業づくり
　　○地域の教育資源を生かした特長ある教育の推進

などの項目を重点に据えながら学校経営を進めることとした。

②職員、児童生徒、保護者等に向けた発信

　経営計画について、職員に対しては、学部及び分掌運営計画の中に重点項目への取組の具体案と可能な限りの数値目標を盛り込むことを求め、児童生徒や保護者・地域等に対しては、様々な儀式や学校行事での挨拶や、学校通信・便りなど、できるだけ多くの機会をとらえて、分かりやすいことばによる発信に努めた（例：次頁参照）。

　また、児童生徒や職員による校内の奉仕活動等に対しては、校長から感謝状を贈るなど、「ありがとう」を言われる実際的な場面を、できるだけ多くの児童生徒に体験してもらうように心がけた。

第3章　学校経営における保護者や地域への働きかけ

「ありがとう」があふれる学校づくり：児童生徒、保護者に向けた発信
平成24年度入学式－校長式辞から（抜粋）

【児童生徒のみなさんへ】

　みなさんに今日から始まる学校生活についてお願いがあります。

　それは、「みなさんと先生たち、お家のみなさん、地域のみなさん、いろいろな人たちの力を合わせて、この一関清明支援学校を、『ありがとう』のことばがあふれる学校にしよう」ということです。

　一つには、学校生活のいろいろな時・いろいろな場面で、お世話になった人やまわりの人たちに、素直な気持で「ありがとう」を言える人になりましょう。

　二つ目は、みなさん自身が、まわりの人たちから「ありがとう」を言ってもらえることを増やして行きましょう。

・廊下や校庭で、ゴミや石ころを見つけたら、自分からひろってくれること
・学級や学年、学部などで、係の仕事を毎日忘れずにやってくれること
・困っている人や友達がいたら、さりげなく助けてあげること
・家でも、毎日何か一つ、お父さんやお母さんのお手伝いを続けること
・地震や津波の被災地のために、できることは何かを考えて、実行すること
・いつでも元気なあいさつや笑顔で、周りの人の心を暖かくしてくれること

　みなさんにできるいろいろなことが、たくさんの人たちからの「ありがとう」を学校に運んできてくれます。

○「ありがとう」をたくさん言うこと
○たくさんの「ありがとう」を言ってもらうこと

この二つを通じて、みなさん一人一人がすてきな人に成長し、この学校をもっとすてきな学校に変えて行けると信じて、みんなで楽しく挑戦しましょう。

【保護者のみなさまへ】

　先ほどは、お子様方に「ありがとう」のことばがあふれる学校づくりを通じて一人一人の成長と学校全体の成長を目指そうということを話しました。

　今や「共生社会の実現」は世界共通の願いとなり、昨年7月には、我が国においても、その精神の下で「障害者基本法」の改正が行われました。

　「共生社会」においては、誰もが、他者から一方的に支えられ助けられるだけの存在に留まっていることはありません。

　本校の児童生徒には、どの子も、学校生活の中で「認め合い」と「支え合い」に積極的に参加し、将来の「共生社会」のしっかりとした担い手に育ってほしいと願うものです。

3 肢体不自由単独校における取組
平成27年度　岩手県立盛岡となん支援学校の学校経営から
テーマ　～可視化＝一人一人の良さ、がんばりが見える
　　　　・伝わる学校運営～

（1）学校の概要

　盛岡となん支援学校は、岩手県における唯一の肢体不自由単独校であり、本校及び県立療育センター内の分教室、在宅及び施設入所者への訪問教育の各部門を有するほか、寄宿舎が設置され、県内全域と、一部は県外からも児童生徒を受け入れている。

　こうした学校の特長から、本校職員の中には「肢体不自由教育の専門性の維持・向上」、「県内及び地域における肢体不自由教育のセンターとしての役割の強化」といった課題意識が定着しており、

　○**本校での勤務経験年数に応じた研修システムの構築と運用**
　○**一般市民・教育関係者等を対象とした自主公開講座の開催**

などの取組が、毎年、計画的に行われている。

　全国的な傾向と同様、児童生徒の状況は障害の重度化が進んでおり、児童生徒の80％以上が重複障害学級に在籍するほか、約40％が自立活動を主とする教育課程の対象であり、20％以上が常時医療的ケアを要する児童生

■平成28年度の学校概況：教育課程の類型と児童生徒数（人）

教育の場	教育課程	小	中	高	小計	計
本校	準ずる	8	4	7	19	93
	知的代替	22	11	10	43	
	自立活動主	11	6	7	24	
	訪問教育(自活主)	2	1	4	7	
分教室	準ずる	1	0	1	2	28
	知的代替	6	2	2	10	
	自立活動主	4	4	5	13	
	ベッドサイド(自活主)	1	2	0	3	
全校合計		55	30	36	121	

徒である。こうした状況を受け、近年では、看護師のほか、OTやPT、STなどの外部専門家を導入するなどして、健康・安全指導や摂食指導の充実に学校をあげて取り組んでいるところである。

(2) 学校の概要
①学校経営のテーマ（キーワード）と具体的な重点項目の設定

　本校着任後、最初の1年で大きな課題を感じたのは、職員や児童生徒の日々のがんばりに比べて、保護者等からの評価・関心が低く、学校における教育の目標が十分に共有されていないという点だった。

　職員は児童生徒の健康や安全を守るため、また、一人一人に応じた配慮や支援方法を学ぶため、どの学校にも負けないほどの研修に取り組み、授業のためには各学部ともできる限りの手厚い指導体制を工夫しているにもかかわらず、これらに対する保護者等からの評価は「よく分からない」「十分でない」といった内容が多かったのである。

　こうした状況を改善し、保護者等と目標を共有できるようになることを願って、平成27年度は、『**可視化＝一人一人の良さ、がんばりが見える・伝わる学校運営**』というキーワードを設定し、

　ア）一人一人の目標の明示と学校全体での支援
　イ）研修・研究の成果を反映した授業改善
　ウ）教育内容に関する情報提供と家庭と連携した学習支援
　エ）地域や外部機関等との連携
　オ）情報公開の活性化

という5項目を重点に、学校経営を進めることにした（P59参照）。

②職員、児童生徒、保護者に向けた発信

　経営計画案について、職員に対しては、学部及び分掌運営計画の中に重点項目への取組の具体案を盛り込むように求め、同時に、特に重点項目のア）とウ）については、児童生徒や保護者・地域等に対してできるだけ分かりやすい発信ができるよう、様式の案を校長から提案した。

　図1は、この1年間、児童生徒が何を一番がんばろうと願い、担任はどんな支援をするのかを記すカードである。児童生徒全員分のカードを昇降口正面の壁に掲示して、職員のほか、保護者や来校する人々にも読んでも

らい、児童生徒のがんばりを応援してもらうようにした。

図2は、重複障害学級における「領域・教科を合わせた指導」の授業において、授業者が一人一人に対してどのような学習活動と達成目標を設定しているかについて、保護者等に分かりやすく伝えようとするものである。

小学部の各学級で、年間に行われる生活単元学習の中から、それぞれ1つの単元を選び、そこで取り上げられる各教科の学習要素や個人の目標等について、保護者に具体的に伝えることを実践してもらった。

図1　僕・私の今年いちばんの目標

図2　生活単元学習について

おわりに

　保護者や地域に向けた様々な発信を工夫し、学校が目指す教育の方向性と児童生徒の良さや可能性を理解してもらうことで、学校と家庭・地域の三者の理解と協力関係をいくらかでも前進させることができないものか、2つの学校での取組を紹介した。

　本文中では、校長から児童生徒や職員、保護者・地域への発信の内容と方法について多くを語ることとなり、その成果についてはあまり触れることができなかった。ここでは、両校ともに児童生徒のがんばりや授業への理解が広まるにつれて、ＰＴＡ活動等における保護者の一体感が増すなどの効果が見られたことだけに触れておきたい。

第3章 学校経営における保護者や地域への働きかけ

■参考　平成27年度盛岡となん支援学校学校経営計画から（抜粋）

> 1　本校の目標（－詳細：略－）
> 2　めざすべき学校像（－詳細：略－）
> 3　本校が大切にしなければならない教育活動、取組と工夫（－詳細：略－）
> 4　平成27年度　学校運営の重点
> 　テーマ…「可視化…一人一人のがんばりが見える・伝わる学校運営」
> 　　【具体的な取り組み】
>> 【一人一人の目標の明示と学校全体での支援】
>> 　○児童生徒全員の「僕・わたしの目標」を掲示し、目標達成への努力をみんなで応援し合います。
>> 【研修・研究の成果を反映した授業改善】
>> 　○すべての教員が研修・研究の成果を生かした授業改善の状況を発表し合います。
>> 【教育内容に関する情報提供と家庭と連携した学習支援】
>> 　○単元・題材における学びの内容を明確にし、学ぶ目的と成果を確かめ合える授業づくりを進めます。
>> 【地域や外部機関等との連携】
>> 　○関係機関における訓練や外部専門家等による指導の内容を一人一人の自立活動等の指導に生かします。
>> 【情報公開の活性化】
>> 　○ホームページや「学校だより」の充実を進め、学校における取り組みを分かりやすく発信します。

　余談であるが、平成20年度から9年間、3つの特別支援学校に校長として勤務し、それぞれ独自の歴史や課題を抱える学校の経営を経験した。東日本大震災の直後、花巻清風支援学校での卒業式は、卒業生全員の出席も来賓及び地域の方々の臨席もかなわなかったが、みんなが被災地の苦しみに思いを寄せ、しっかりと前を向いて参加した卒業式だった。

　式辞の中で、「すべての人々が共に認め合い・支え合う社会を目指すという私たちの願いと覚悟が本物であるかどうか、目の前の苦難から一緒に立ち直るための具体的な行動をもって確かめ合わなければならない」と話した。被災地の復興は進みつつあるが、共生社会実現への歩みはまだまだ十分とは感じられない今日である。

岩手県立盛岡となん支援学校長　　及川　求

第4章

保護者や地域への働きかけの実践

1　幼稚園
2　小学校①
3　小学校②（特別支援学級設置校）
4　小中学校
5　中学校
6　特別支援学校

1 幼稚園

はじめに

　平成26年1月、我が国は「障害者の権利に関する条約」を批准し、また、平成28年4月には、「障害を理由とする差別の解消の推進に関する法律」が施行された。「障害」を理由とする差別の解消を理念とするインクルーシブ教育システムの構築は大きな課題であり、保護者や地域との連携はこれまで以上に重要となる。

　しかし、「障害者の権利」や「インクルーシブ教育」などの理念は耳にし、少しずつ理解は広がってきているとはいえ、実際の場面では決して十分とはいえない現実に直面することは少なくない。

　幼稚園に入園してくる保護者の多くは理念は理解しつつも、実際に支援が必要な子どもと我が子が同じクラスメートとして生活を始めると、その特別な個性に戸惑い、我が子の安全・安心な生活が脅かされるのではないかという不安を抱く姿もある。また、地域からも幼稚園公開や評議員会などの折に「指導が大変ですね」と言葉をかけられることもある。

　互いを理解し合うということは理念として分かるだけでなく、共に生活し、時にぶつかり合いながら体験を通して深まるものであろう。それは、子どもも大人も同じである。幼稚園が拠点となって子どもも大人も自分とは異なる様々な人に出会い、関わることを通して互いを理解し、心の結びつきが深まるよう発信していかなければならない。

　そして、幼稚園が学校教育のスタートの教育機関として、子どもはもちろん、保護者、地域が、様々な個性を持つ人とともに学び合い、育ち合うことの大切さと喜びを実感し、インクルーシブ教育への理解が深まり、小学校教育へとつながるよう教育活動を進めることが重要である。

　これまでの幼稚園教育に携わってきた経験の中から、「保護者、地域への働きかけ」の実際とその意義について事例を通して述べていきたい。

第4章　保護者や地域への働きかけの実践

1　一人一人が大切にされ、共に育ち合う学級づくり

　保護者や地域に、障害の有無にかかわらず、共に生活することが双方にとって豊かな学びと成長につながることを理解してもらうためには、幼稚園の一人一人の子どもの成長を実感してもらうことが必要である。

　幼稚園は本来、幼児が一人一人を深く理解し、発達や特性に応じた指導を大切にしている。それは、障害のあるなしにかかわらず、すべての子どもが共に生活しながら、必要に応じて支援を受けるインクルーシブ教育の考え方そのものである。一人一人が大切にされ、自分らしさを発揮しながら友達とかかわる喜びが十分に味わえるような学級経営が一人一人の成長を支え、ひいては保護者や地域の理解を進める基盤となることを事例を通して考えていきたい。

（1）一人一人が大切にされながら学級の仲間としてつながる
【事例1】　4歳児1月「出かけてもいいけど、ちゃんと戻ってきてね」

> 　A児は入園当初、興味をもったものがあると他の子が遊んでいてもそれを突き倒して遊具に飛びついていく。年長の保育室、2階のホール、職員室など、興味をもつとどこまででも行くので安全確保のために常に大人が行動を共にしていた。
> 　学級のこどもたちは、突然自分たちの遊びの中に入ってきては自分のペースで動き、やめてほしいと抗議すると、激しく苛立つ姿に戸惑っていた。
> 　担任はA児の思いを理解しようと一緒に遊ぶ中で、A児が製作やブロック、積み木などの緻密な構成が得意であることを知る。それを周りの子どもたちにも伝え、少しずつ友達と関わって遊ぶ機会をつくっていく。友達に受け入れられるようになるに従い苛立つことが減っていった。やがて一緒に遊びたいという気持ちが膨らみ自分から友達の遊びの仲間に入ろうと努力する姿が見られるようになる。同じ頃に学級活動もみんなで一緒にすることを喜ぶようになる。
> 　やがて、一年もまとめとなる1月になり、子ども会の出し物について相談している最中に保育室から出ていこうとするA児に、一人の子どもが「お部屋から出かけてもいいけどちゃんと戻ってきてね」と声をかけた。A児は振り返って、笑顔で「うん。すぐ戻ってくるね」と応え、自分のお気に入りの絵本コーナーで図鑑を見たあと、しばらくして保育室に戻り、「戻ってきたよ」と、笑顔で相談の輪に入っていった。

担任は1月のこの出来事を子ども同士の豊かな育ち合いの姿として受け止め、喜びの中で語っている。子どもたちがこの姿になるまでにはいうまでもなく幾多の困難があった。戸惑いながら関わり、関わってはぶつかりしながら、それでも「一緒に遊ぶと楽しいね」という気持ちにまで、育てた担任の援助の意義は大きい。A児の保護者にとっても戸惑いの連続であったと思う。事が起きる度に相手の子どもの保護者にあやまり、担任や園にまで迷惑をかけていると何度も口にされていた。そのたびに、A児の思いや育ちを確かめあいながら、指導の方向について共通理解するようにした。

　そして、このような関わりはA児の保護者だけ特別なのではなくて、一人一人のどの保護者に対しても同様であることを教師間で共通理解し、幼稚園は子どもも保護者も一人一人を大切にする教育を目指すことを確認しあってすすめた。そこには、子どもが育ち保護者が育つとき教育は充実するという考えがあり、この中でこそインクルーシブ教育は充実すると考える。

（2）学級のつながりの中で育ち合う
【事例2】年長5歳児　12月「笑わないで真剣にボールを見てよ！」

　超低体重で生まれたB児は両目の視力が弱く、体格も小さく発達全体がゆっくりしている。学級皆でする活動には消極的であったが運動会を通して学級の一員としての自覚も芽生え意欲も高まってきていた。それは学級の子どもたちにも伝わり、B児は学級の仲間として気持ちがつながり始めていた。

　そんな時期に、子どもたちの遊びの中から学級対抗のドッジボール大会が行われることになった。1回戦2回戦両者譲らず1対1で迎えた3回戦。味方の内野は残り一人というタイミングで、外野にいたB児はこぼれ球を拾って投げ、敵の子が取り損ねて落としたことで内野に戻ることになった。味方の子どもたちは大声援となった。しかし、その時たまたま通りかかった仲良しの4歳児に笑顔で手を振っている間に当てられ、そのボールがもう一人の味方にも跳ね返って当たりダブルプレーでゲームセットになってしまう。呆然とする味方の子の中で一人笑顔のB児。

　保育室に戻り皆で話し合いになり、皆はB児に対して「なんで笑ってたの。笑わないで真剣にボールを見てよ！」と厳しく迫った。都合が悪くなると逃げていたB児が真剣な顔で「もう笑わないでボールを見る」と真剣な顔で自ら約束した。

それまでは、B児が保育室から抜け出したり、みんなでする活動を途中で放り出したりしても「B児はしかたがない」という暗黙の了解のようなものがあった。言わないことが優しさであるというような雰囲気でもあった。しかし、運動会でバルーンの演技をしたり、リレーをしたりする中で、「Bちゃんも一生懸命にやって。そうじゃないとみんなでできないんだよ」と、合い言葉のように言いながら力を合わせてやり遂げた子どもたちには「B児は本気になればもっとできる」という確信がある。それは遠慮して「仕方がない」と受け流す表面的な優しさとは次元の違う、深い信頼と期待が込められた思いである。B児もまた仲間としてのつながりを感じていたからこそ「わかった。今度から笑わないでボールを見る」と、真剣に受け止められたのである。
　「心のバリアフリー」と簡単には言うが、本当のバリアフリーはこの子どもたちのように、相手を信じ、期待し、本気の思いをぶつけ合えることであろうと思う。その時、子どもたちはより深く学び、豊かに育ち合うと考える。一人一人を大切にし、友達と本気で遊ぶことを大切にする教育は究極的にはバリアフリーの教育なのではないだろうか。

2　保護者と共に一人一人を育てる

　子どもたちが自分とは違う特性を互いに認め、共に学び育ち合うためには、保護者の理解と協力は欠かすことができない。しかし、学級活動中に保育室から出て行く姿を度々目にしたり、一方的に（保護者にとってそのように見える）我が子が遊具を取られたり、怖い思いをしたりすることが続くと、理解よりも、我が子の安全、健やかな成長は保証されるのかという不安が膨らむ。また、比較的直接的な関わりが少ない場合など「障害のある子には親切にするように教えています」と口にする保護者もいる。その考え自体がすでに特別な眼差しが含まれていることに思いは至っていない。そうではなく、一人一人が対等で互いに高め合うかけがえのない存在であることを実感してもらうことが大切である。そのためには保護者と共に一人一人を育てるという視点が必要である。

次に、身体に障害のある友達と一緒に運動会のリレーをやり抜こうとする子どもを、保護者と共に支え、親も子も教師も学び育ち合った事例から考えていきたい。

【事例3】運動会のリレーを巡って保護者説明会を開く
　－身体に障害をもつ友達と力を合わせやり抜こうとする思いを支える－
　運動会のリレーは保護者にとっても熱狂する競技の一つである。我が子の勇姿もさることながら、我が子のチームの優勝を期待し熱い声援が送られる。そのリレーで我が子のチームに身体に障害のある子がいて、保護者の中に戸惑いが広がり始めていた。

> 　D児は先天的な脊椎の障害があり下半身の感覚が麻痺している。日常の歩行は補助靴に支えられ、ぎこちなさはあるが独歩は可能である。明るく人懐っこい性格から障害があまり目立たないことと保護者の希望もあり、学級の子どもたちにも保護者にも障害のことは伝えられていない。
> 　しかし、運動会が近づき広いグラウンドを移動することが多くなると、発達の違いは子どもたちの目にも分かるようになる。特にリレーでは一周近く差がついてしまう。少しずつ周りの子どもたちからD児に「まじめに走れよ！」などという言葉も出るようになる。教師はチームのメンバーを工夫したりD児に走る距離を短くすることを提案したりするが、本人は「全部走る」とゆずらない。子どもたちが自分たちで知恵を出し合いこの局面を乗り越えるには、D児は精一杯走っていること、これが限界であることの事情を告げなければならない。D児の保護者に協力を求めることにした。
> 　まずは担任から学級の子どもたちへ、その後、保護者に集まってもらいD児の保護者から学級全体の保護者へ直接説明をしてもらった。幼稚園からはD児の意欲とD児の思いを知った子どもたちが、どうすれば対等な力で競い合えるかを真剣に考えていること、また、運動会に向けたこの過程で子どもたちは大切な経験をし、互いに学び成長し合うことにつながることへの期待も伝えた。そして子どもたちが乗り越えていく過程を共に見守り、支えてくれるよう協力を求めた。

　保護者からは我が子が何度やっても勝てない無念さを家に帰って口にする時なんと言葉をかけてよいか苦しかったという意見や、話してもらってスッキリしたという意見、幼稚園最後の運動会なので子どもたちの心に残

る満足できるものにして欲しいなど、率直な意見が出された。

　それに対して幼稚園からはリレーは勝負だからもちろん結果も含めて子どもたちの心に残る、達成感のある経験となるよう全力を尽くすことを約束した。

　子どもたちは担任も交え、チームのメンバー構成、走順、対戦の組み合わせなど、考えては試し、試しては考え、そのうちD児に付き合って特訓をしようという声が上がりくり返し走る姿もあった。その一つ一つが自分たちで考えたものであり、自分たちでやり遂げていくという意欲に満ちていた。考えることも、「特訓」と言いながら一緒に走ることも自分たちで考えたことであるからこそ楽しく盛り上がり、いつか皆の気持ちはしっかりと一つにつながっていった。どこかで一度は勝利の喜びも味わえるようにと担任も仲間になって盛り上げた。

　当日はやはり最下位であった。しかし、子どもたちは実に清々しく堂々としてどのチームよりも自信に満ちていたと思う。保護者からの感想文には「子どもたちの素晴らしさに感動しました」「友だちと気持ちを合わせ最後まで力を出しきる我が子が誇らしく思いました」「優勝よりも心に残る感動のリレーでした」「子どもたちにありがとうと言いたい」など、多くの声が寄せられた。

　保護者は子どもたちの成長の姿から、様々な特性を持つ一人一人がその子らしさを発揮しながら、共に学び育ち合うことの意義を体験を通して理解できたのではないかと考える。

　また、これを機に保護者同士の関わりにも変化が見られた。それまで遠慮気味だったD児の母親が積極的に保護者会活動に参加するようになり、園庭での保護者同士のおしゃべりにも参加するようになった。保護者同士も子どもたちと同じように、本音を見せることで互いを理解し、信頼が芽生え、つながりが深まったのである。

3　小学校へとつなぐ

　幼稚園では小学校以降の生活を見通しながら日々指導を進めている。一

人一人の子どもが安心して幼稚園から小学校生活へと移行できるようにするためには、幼稚園での個別の支援の実際や個々の子どもの特性を十分に理解してもらうことが大切である。そして、個々の子どもの特性を踏まえて接続期カリキュラムを作成できるよう、参考となるような交流活動の工夫が必要である。以下事例を通して述べていきたい。

（１）子どもの姿を実際に見て理解してもらう機会を設定する

○　幼稚園公開や行事への案内を出す

　授業体験や給食交流など、幼稚園から小学校へ行く交流活動は多く見られる。しかし、慣れない環境の中では十分にその子らしさが発揮できないことが多い。幼稚園公開や誕生会、のりものごっこなどの行事を利用して小学校の先生方に、幼稚園での子どもの姿を実際に見てもらう機会をつくった。のりものごっこなどでは実際に一緒に遊びに関わってもらうことでより深い理解につながりやすい。

　一緒に遊ぶことで互いに顔見知りになり、就学児健康診断では子どもも、保護者も、学校側も互いに和やかに会話し、小学校入学への期待が高まったことがあった。

（２）入学式予行練習を設定してもらう

　広汎性発達障害を持つE児は見通しが持てないことに強い不安感を示す。そこで、園長と校長が相談し入園式の前日に小学校体育間で予行練習を設定した。参加者は本人と保護者、校長、副校長、小学校担任、園長、幼稚園の担任である。副校長の開会の言葉から始まり、入場の仕方、着席の位置、校長の挨拶、個名と返事、閉会の言葉、退場と、全体の流れと、立つ・座るなどのタイミングを本人と一緒に確認した。始めは緊張していたが、副校長先生の「これをした次はこのことを言うから、そうしたら……」と、丁寧な説明によって見通しを持つことができ楽しく経験することができた。

　入学式当日は大勢の人に一寸戸惑いの表情を見せたが、見通しが持てたことで最後まで落ち着いて参加することができた。そして、「上手にできたよ」と自分で言い、喜びいっぱいの学校生活をスタートすることができた。

　このような活動ができるためには、日頃から幼稚園と小学校との連携が

十分に図られ信頼関係が築かれていることが必要である。担任任せにしないで、まずは管理職同士が連携を密にし幼児児童を中心にした交流が活発になされることが大切である。そして互いの教育について理解を深め連携を進めることが、特別な支援を要する子どもと共に学び育ち合う教育を地域に発信する大きな力になっていくと考える。

4　地域とつながる

　幼稚園教育の充実のためには地域の理解と支援がなくてはならない。幼稚園が支援を要する子どもも含め一人一人の特性に応じた教育を大切にしていることを様々な機会をとらえ発信していくことが大切である。
　まずは、地域の方々に幼稚園に関心をもってもらえるようにすること。そして幼稚園に足を運んでもらう機会を作ることである。
　運動会や子ども会などの行事にご案内をする、日頃の子どもたちの遊びの様子をありのまま見てもらう幼稚園公開は、ポスターの掲示を近隣にも依頼しがてら園長が直接出向いて案内をするなど、こまめに足を運び直接顔を合わせることが大切である。そして、来園してくださった方には園長や主任が言葉をかけ、子どもたちの遊びの姿を通して、幼稚園の考えを伝えるようにしたりしている。
　また、さつまいもやビワなど子どもたちが収穫したものを子どもと共におすそ分けに出向き、子どもと直接関わってもらう機会も大切である。支援が必要な子と共に生活し、ふれあい、互いに学び合う姿を見てもらうことが理解を深めてもらう最大の効果である。
　そして園だよりなどを通して支援が必要な子もそうでない子も一人一人のその子らしさを大切にする教育の重要性と意義について折々に発信したり、地域の行事に参加したおりに地域の方々と語らいの中で考えを述べたりする小さな積み重ねを大切にしている。
　幼稚園と地域が信頼でつながるとき、子どもたち一人一人の違いを理解し大切に思ってくださる輪も広がっていくと考える。

おわりに

　特別支援教育への理解が進み、関係機関が協力して幼児や保護者を支援する体制が整ってきている。しかし、特別な支援を要する子どもが増え、特性も多様化する中、子どもの理解や対応、小学校を見通した保護者支援など幼稚園の役割はますます重要になっていることを実感する。

　幼児期に一人一人の子どもが安心して自分らしさを発揮し、障害の有無にかかわらず一人の個性として尊重される体験を保障するためには、保護者や地域の理解が不可欠である。幼稚園の教育を丁寧に発信し、子どもも大人も障害のあるなしにかかわらず、互いを認め、共に学び、共に育ち合う共生社会を築くことの一翼を担う大切さを痛感している。

江東区立東砂幼稚園長　塚本　美起子

2 小学校①

はじめに

　渋谷区立加計塚小学校は、渋谷区にある特別支援学級の未設置校である。前任校は同じ区内で知的障害の特別支援学級が設置されており、平成26年度に情緒障害の通級指導学級が設置された。また、東京都の施策により、平成28年度から平成30年度までに、都内全小学校に特別支援教室を設置し、特別支援教育専門員を配置することとなった。

　平成19年から施行された学校教育法の一部改正では、幼稚園、小学校、中学校、高等学校及び中等教育学校においては、教育上特別の支援を必要とする幼児児童生徒に対し、障害による学習上又は生活上の困難を克服するための教育を行うこととされている。また、平成25年に制定された「障害者差別解消法」が28年4月から施行されている。これは、特別支援教育は、特別支援学校や特別支援学級のみならず、幼・小・中・高等学校の通常の学級においても求められるものであり、「一人ひとりの特性に合わせた指導」が、障害のある子供はもちろん、全ての子供に必要であることを示している。

　そこで、特別支援教育を推進するうえで特に重要となる、保護者、地域との連携に向けてこれまでの取り組みを紹介する。

1　特別支援学級開設に向けて

（1）都・区の施策を受けて

　東京都教育委員会は、第三次特別支援教育推進計画を示し、情緒障害学級については、「子供が動く」から「大人が動く」、通級指導方式から巡回指導方式を示している。各自治体においては、区市町村の実態に合わせ、通級指導方式と巡回指導方式を併用するなど多様な対応である。本区では、併用型での実施となった。

（2） ＰＴＡ役員、保護者、地域への周知

　特別支援教育の理念と実際に通級児童が受ける指導について、保護者地域に対し教育委員会と共に説明会を実施した。他校の児童が通級してくることについては、違う校帽を着用した児童が登下校するという説明で具体的なイメージができたようである。また、通級児童が体育館や校庭、プールなどの施設を利用することを説明した。ＰＴＡ役員からは、通級児童の登下校門については、正門を使用したらどうかという意見も出された。特別支援学級設置校（知的障害）で培われた交流及び共同学習による成果がうかがえる。

　また、地域に対する開設準備の説明は、学校評議員会や町会の連合会においても実施した。

2　校内体制の確立

（1） 校長のリーダーシップの発揮

　特別支援教育については、特に校長がリーダーシップを発揮して、校内の体制づくりを推進する。保護者との面談、外部諸機関との連携や協力の依頼、推進には、校長が前面に出る必要があるからである。まず、年度初めに学級担任、専科教諭が支援の必要な児童について実態を把握する。学校によっては、小中学校の通常の学級に在籍するといわれる6.5％を上回る児童が対象となる場合もある。4月中に実態を把握し、保護者との面談をもち、5月末には、個別の指導計画を作成し支援方法の共有化を図る。

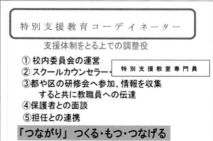

第4章　保護者や地域への働きかけの実践

（2）特別支援教室の導入と特別支援教室の運営に関わる職員

　東京都では、平成28年度から特別支援教室を置く全ての学校に特別支援教育専門員を配置した。配置の趣旨をまず、校内で共通理解し、保護者会や学校便り等で発信する。

　特別支援教室導入の目的については、東京都の資料をもとに校内研修を実施した（以下、東京都教育委員会ホームページより）。

- ○これまでの通級指導学級による指導を全ての小学校で展開し、一人でも多くの児童が支援を受けられるようにする。
- ○在籍校での個別指導や小集団指導を通して、発達障害児の学力や在籍学級における集団適応能力の伸長を図る。
- ○巡回指導教員による在籍学級担任への助言等により、学級運営の安定化を図る。

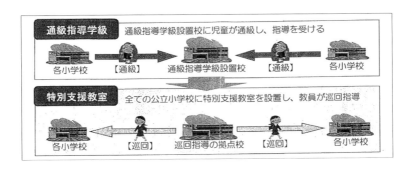

　また、特別支援教室に関わる主な職員については、東京都から以下のように示された。

①巡回指導教員

　　特別支援教室における指導等のため、担当する学校に拠点となる学校から出向き指導を行う。

②学級担任

　　指導対象児童の在籍学級における指導等を担う。

③特別支援教室専門員（非常勤職員）

　　①時間割等の調整に関する業務

②巡回指導教員及び臨床発達心理士等との連絡・調整に関する業務
　　③指導内容に応じて使用する教室や教具の調整に関する業務
　　④巡回指導教員の指示に基づく教材作製業務
　　⑤巡回指導教員及び学級担任の指示に基づく、学習支援に関する業務
　　⑥在籍児童の行動観察及び指導の記録の作成、報告に関する業務
④心理士等（臨床発達心理士、特別支援教育士、学校心理士）
　　巡回指導教員・学級担任等に指導内容・方法等についての助言などを行う心理士等（1校当たり年間10回巡回）
⑤特別支援教育コーディネーター
　　学校内の関係者や福祉・医療等の関係機関との連絡調整及び保護者の相談窓口等、校内における特別支援教育に関するコーディネーター的な役割を担う。

3　保護者との話し合い～2つのツールを活用して～

（1）話し合いのツール1～就学支援シート～

①就学支援シートの活用

　各自治体では、新1年生に配布する「就学支援シート」を配布している。そのうち希望者に対しては、入学先の学校との話し合いを年度末に行い、入学後の学校生活の円滑なスタートを目指す。就学相談の結果を伝えてくる保護者や、教育相談等における相談の経緯を伝えてくる保護者もいる。言葉の教室や発達支援センター、医療機関など公的機関、民間機関を問わず、様々な専門機関を活用している保護者が増加しており、支援シートは有効である。

②継続相談の確認

　特に、就学相談の措置結果とは違う学級を選択している場合は、その後受けられるサポートも限られるため、保護者の申し出がなくとも、学務課の担当者も同席して話し合いを行う。その後、保護者に協力を依頼する部分など、就学相談の結果を踏まえた話し合いが必要不可欠である。継続相談を行うことを確認し、次回の面談のおおよその時期を確認する。

第4章　保護者や地域への働きかけの実践

（2）話し合いのツール2～個別指導計画～

　まず、複数の教諭の目で、支援が必要な児童の実態を把握する。学習面、生活面、対人関係の面で、それぞれの情報をまとめ、共通理解を図る。その際、必ず保護者からの情報や保護者の願いも聞き取り、専門機関での検査等の情報もあれば確認する。

 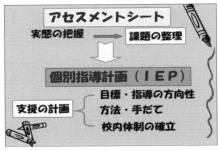

　そして、アセスメントシートで共通理解した課題を整理し、個別指導計画を保護者と確認して作成する。話し合いを通し、伸ばしたい面等項目を絞って支援の方法や手立てを確認する。ソーシャルスキルのトレーニングが必要な場合は外部機関にも協力を依頼し、児童にとって支援が有効であったかを定期的に評価する。

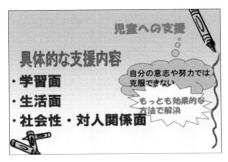 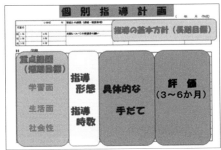

4　スクールカウンセラーの活用

　スクールカウンセラーは、心理面の相談をするうえで、保護者にとって関わりが深い専門職である。東京都では、全公立小中学校にスクールカウンセラーが配置されている。また、本校では、その他に区配置のカウンセラーが1名配置され、週2日相談日が設けられている。

　スクールカウンセラーは、発達に関わる情報や相談日等について、カウンセラー便りを発信している。学校から発信する文書であるため、主幹教諭、管理職の確認後配布する。

<カウンセラー便り>

〇保護者のみなさんへ
　子育ては一人で悩むのは辛いことです。解決の糸口が見えないことが多くあります。
　いじめや不登校をはじめ、発達のアンバランスのこと、親子関係や子供同士の関係、子供の褒め方や叱り方など、正解が無いものだけに、我が子にどのようにかかわればいいのか迷われることもあるかと思います。
　子育てに悩まない親は一人もいません。一人で悩まず気軽に相談室をご活用ください。ご予約いただくと確実です。ご予約方法は、1．担任の先生を通して　2．学校代表電話にて連絡　3．相談室ポストに申込書を投函するです。こちらから折り返しご連絡させていただきます。

◇相談室開室日◇（都と区のカウンセラーにより、相談時間が違います）
火曜日：9時　～5時30分　　　（都スクールカウンセラー）
金曜日：9時15分～4時　　　　（区カウンセラー）

5　保護者への支援

（1）専門職のチームとしてのアプローチ

　支援が必要な児童の保護者との面談は、本校では、まず、担任、コーディネーター、スクールカウンセラー、特別支援教室専門員が行っている。

次の段階として、支援員を配置したり、学務課の継続相談や関係機関につないだりする場合は、教育委員会の臨床心理士等も同席し、管理職も共に話し合い、学校としての方針を伝える。周囲の保護者に対しては、担任と保護者が事前に十分話し合い、保護者会等で直接当該の保護者から児童の特性を話す機会を設けることが望ましい。

（２）地域のネットワークづくり
～ケース会議での情報共有と連携、支援の方向性の確認～

　特別な支援が必要な児童には、就学前から様々な機関が関わっているケースがある。その場合は、児童相談所、スクールカウンセラー、子供家庭支援センター、教育委員会の担当者、学校職員が３～６か月をめどに定期的に話し合う場を設定する。学校側の出席者は、校長、副校長、特別支援教育コーディネーター、特別支援教室専門員、担任等である。

　さらに、地域性と専門性を備えた支援システムにするためには、児童の生活の様子を考慮し、放課後クラブ職員や、主任児童委員、民生委員との外部機関と関係をつくることも必要である。

　その際、保護者に対する「傾聴」と「共感」を基本に、子供の〝困り〟に寄り添った話し合いを進め、必要に応じては医療機関を勧めることもある。医療機関によっては、学校関係者も含めた面談や、ペアレントトレーニングなどの支援が示されることもある。情報の守秘を基本に、多くの大人の眼で見守っていく体制を構築する。

6　ユニバーサルデザインを活かした学習づくり

（１）教師による学習環境の設定

　発達障害のある子供にとって分かりやすい授業は、全ての子供たちにとっても分かりやすい授業である。教室環境を工夫し、障害の特性を理解した支援をすることを、学校公開や学校便り、学年便り等で保護者に伝えていく。そのことが、保護者への啓発となるとともに、子供たち自身の障害理解につながると考える。そのためには、教師が通常の学級におけるユニバーサルデザインについて研修することが必要不可欠である。

（２）見通しをもたせる

一日の流れ、時間割りを提示し見通しをもたせる。また、各時間の授業においても「学習時計」を提示し、１時間の活動と時間を示し、学習の見通しをもたせることが必要である。

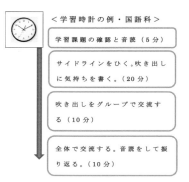

＜学習時計の例・国語科＞

学習課題の確認と音読（５分）

サイドラインをひく。吹き出しに気持ちを書く。（20分）

吹き出しをグループで交流する（10分）

全体で交流する。音読をして振り返る。（10分）

学習計画を立て、１つの単元を何時間かけて学習するかを明示することは、学習への意欲を高め、児童が主体的に学習に取り組むうえでも大切である。

また、教師の指示を短くすることや、実物投影機や拡大コピーした掲示物を使うなど視覚化の工夫が必要である。

（３）保護者への協力を依頼する

新しい学習や行事に対するイメージや見通しがもてるように保護者と連携をとることも有効である。

例えば、ものさしやコンパスを使う学習に入る前に、事前に家庭で使い方を教えることや、リコーダーに慣れる時間をあらかじめ家庭でとることなどにより、児童の不安を軽減することにつながる。

移動教室等の初めての宿泊学習では、保護者に２泊３日の行程の説明を十分に行い、家庭でも布団のたたみ方や荷物整理の仕方を事前学習してもらう。学校でも巡回指導教員により細かに事前指導することで、安心して宿泊行事に参加できた事例もある。

その他に、日常的な配慮事項について、学校から、保護者に具体的な支援の図表などを渡し支援方法の共有化を図ることが有効である。

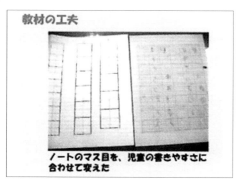

教材の工夫

ノートのマス目を、児童の書きやすさに合わせて変えた

第4章　保護者や地域への働きかけの実践

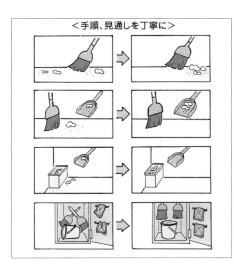

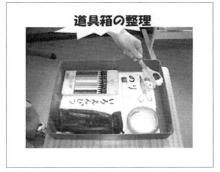

左：そうじの手順を示す
上：片付けや整理整頓の場所を示す

7　オリンピック・パラリンピック教育の推進

2020年の東京オリンピック・パラリンピックに向け、2016年度、東京都の全公立小中学校は、オリンピック教育推進校である。

本校では、ＮＰＯの「メリー・プロジェクト」の協力のもと、「東京オリ

ンピック・パラリンピックでは世界の人たちを笑顔で迎えよう」という取り組みを行っている。6月には、リオデジャネイロオリンピック・パラリンピックに参加予定の選手を児童が調べ、その選手に贈る「笑顔メダル」を作成した。メダルづくりをする過程で、選手一人一人の積み重ねた努力に感心する児童が多くいた。渋谷区は、2020年にパラリンピック競技でも3つの会場になることもあり、特にパラリンピック競技や選手を応援しようとする機運が高まっている。

共生社会の実現に向け、都や区の推進するオリンピック・パラリンピック教育を契機として、障害理解や障害を乗り越える努力を知ることを学校

での取り組みから、保護者・地域に広げていきたいと考えている。

　7月28日には、ブラジル大使館で行われた文化体験日に、全児童の作った笑顔メダルをブラジル大使館に飾り、児童・保護者にも異文化理解体験への参加を呼びかけた。

　さらに、10月中旬には、リオデジャネイロ・パラリンピックで活躍した代表選手にメダルを贈呈した。様々な人との関わりのなかから思いやりの心を育み、それが子供たち一人一人の行動となって現れることが、共生社会の基盤となると考えている。子供たちが一人一人のよさを活かして地域で活躍するためにも、ＮＰＯをはじめ、地域のリソースを十分に活用することを学校も地域保護者と連携して進めていくことが、今後ますます必要になると考える。

渋谷区立加計塚小学校長　林　嘉瑞子

第4章 保護者や地域への働きかけの実践

3 小学校②（特別支援学級設置校）

はじめに

　平成23年に障害者基本法の改正、平成26年に障害者権利条約の批准がなされ、平成28年には障害者差別解消法の施行と、共生社会の構築に向けての動きが急速に高まっている。

　学校においても、特別支援教育を着実に進めるとともに、共生社会の形成に向けて、インクルーシブ教育の推進が求められている。

　越前市武生西小学校は、福井県の中央部に位置する南越ブロックにあり、越前市・池田町・南越前町の1市2町で構成され、小学校22校、中学校11校で組織されている。この内、特別支援学級設置校は23校、通級指導実施校は20校である。地域の中には福井県立南越特別支援学校もあり、特別支援教育のセンター的機能を果たしている。これらの学校が授業研究会を行ったり、合同で行事を開いたり、情報交換を密にしたりすることで連携を図り、インクルーシブ教育システムの構築を、学校教育全体の中で目指している。さらには、さまざまな行事等を通して保護者や地域への働きかけを図り、共生社会の実現に向けた取組を推進している。

1　校内支援体制の構築

　保護者や地域の理解を得て、インクルーシブ教育システムの構築を図るためには、まず校内における支援体制の整備、充実を図る必要がある。

（1）南越ブロック特別支援教育研究会の取組

　子どもたちが、将来豊かに生きていくためには、社会的・職業的に自立し、社会の中で自分の役割を果たしながら、自分らしい生き方を実現するための力が求められる。そのためには、一人一人の将来を見据え、"今"をいかに積み重ねていくかが大切である。本研究会では、研究テーマを次のように設定し実践に取り組んでいる。

> 『今を輝き　明日を豊かに生きるために』
> ～未来へつなぐ　授業づくり～

○「人とかかわる喜びや楽しさを感じることができる力」
○「自ら生き生きと活動する力」

　この２つの力の育成を大切にした授業づくりに取り組むとともに、様々な行事においても、この視点を生かしたキャリア教育の実践を積んでいる。

（２）スクールプランへの位置付け

　福井県では、すべての学校で校長が年度当初にスクールプランを作成している。教職員や保護者、地域に示す、言わば"マニフェスト"のようなものである。このスクールプランはホームページなどで公開され、これをもとに一年間の取組の方向付けがなされる。この中に特別支援教育に対する方針を示すことで、教職員はもとより保護者や地域の方に校長の思いを伝えていくことができる。校長は、その推進役としての職責を自覚するとともに、強いリーダーシップを発揮し、組織的・計画的に特別支援教育を推進していく必要がある（**資料①**）。

（３）特別支援教育コーディネーターを核とした校内支援体制の充実

　インクルーシブ教育システム構築のためには、すべての教員が特別支援教育に関する一定の知識・技能を有していることが求められる。校長のリーダーシップのもと、特別支援教育コーディネーターを中心に、研修の充実や関係機関、保護者や地域との連携に努めている。複数のコーディネーターを配置し、迅速かつ多様な対応が取れるような体制づくりに努めている学校もある。

（４）交流や共同学習の推進

　特別支援学級と通常学級との交流や共同学習は、共生社会の形成に向けて、相互に理解を深め、経験を通して社会性や豊かな人間性を養う上でも極めて重要である。

　ある小学校では、特別支援学級の担任が、入学して間もない１年生全クラスを対象にして、特別支援学級の児童への理解を求めるために、児童の

第4章 保護者や地域への働きかけの実践

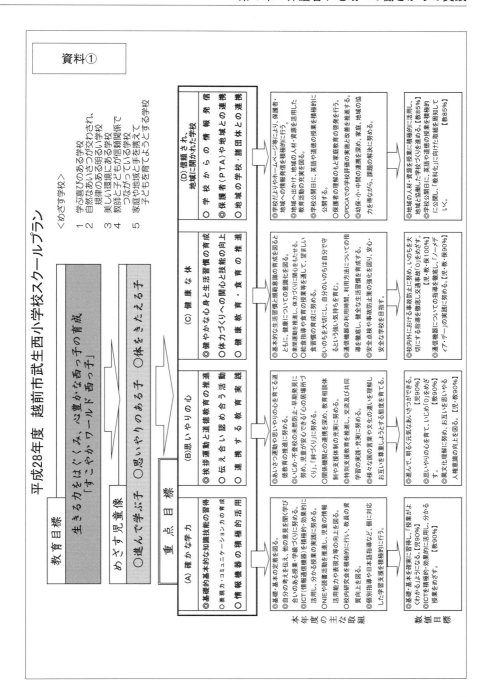

紹介を中心とした「出かける授業」を行っている。この後、1年生の児童と一緒に「こいのぼり作り」をしたり、2年生の児童と「さつまいもパーティー」を開いたりして、共同学習に取り組んでいる。

校長は、小学校低学年での基盤づくりが必要と考え、通常学級の担任に呼びかけ、交流や共同学習の受け入れ体制を整えている。

(5) 特別支援学校との連携

県立南越特別支援学校は、開校して11年が経過したが、南越地区のセンター的機能を十分に果たし、南越地区のすべての小中学校が交流や相談活動で関わっている。相談件数は、年間1,400件以上にも及び、南越地区のみならず他市町からも多くの相談が寄せられている。また、教員の研修やコーディネーターの育成など、教員の専門性の向上の面でも深く関わっている。

平成26年、南越特別支援学校では、インクルーシブ教育システム構築モデル事業の一環として「交流および共同学習の報告会」を初めて開催した。その中で、近隣の小中学校との交流事例を紹介したり、今年度の取組をまとめたりしながら、次年度の活動へ向けての課題を確認している。この会には、小中・特別支援学校の教員だけでなく、大学の教授や市教委の関係者、保護者も参加しており、関係機関が相互に連携しながら取組を進めていく上でたいへん効果的である。校長として、この会の趣旨を多くの教員に伝え、研修の機会に位置付けていくだけでなく、校長自らがこの取組を積極的にリードしていかなければならないと考えている。

(6) 福井県版支援ツール「子育てファイルふくいっ子」 「移行支援ガイドライン」の活用

平成24年度に「子育てファイルふくいっ子」「移行支援ガイドライン」が作成され、県内どこでも共通の支援ツールができたことにより、この活用が始まっている。

このファイルには、子どもの成長段階ごとの基礎調査票と評価シートが導入されており、子どもの特徴を客観的・総合的に把握し、一人一人に合った支援につなぐことができるようになっている。

また、福井県では平成24年度に、簡潔に継続して使用できるものとして、

第4章　保護者や地域への働きかけの実践

「個別の指導計画」「個別の教育支援計画」を一つにして、小学校、中学校、高等学校に在籍している児童生徒用の「個別の指導（支援）計画シート」を作成し、各学校での活用を図っている。

　南越ブロック特別支援教育研究会では、このファイルを活用して保幼小中高の移行支援の在り方について研究している。それを受けて、校長は、この「個別の指導（支援）計画シート」の活用を積極的に推進し、スムーズな移行支援ができるよう力を注いでいる。

2　保護者や地域への働きかけの実践

（1）「ようこそ先輩」の実践

　平成28年で8年目となった行事で、毎年夏休みに下表のような内容で実施している。

　保護者が、小学校の早い時期から、将来の就労や社会生活について情報を得て、子どもの将来の姿をイメージすることがねらいである。

《ようこそ先輩》

1　**ねらい**
　(1)　南越ブロック特別支援学級の卒業生から話を聞き、進路に関する情報を得たり、社会自立に向けて必要な知識技能・態度等について知ったりする。
　(2)　保護者同士の意見交換の場とする。

2　**参加者**　卒業生（社会人）とその保護者
　　　　　　小学校特別支援学級児童の保護者
　　　　　　小学校特別支援学級教員
　　　　　　協力：県立南越特別支援学校『絆の会（同窓会）』

3　**内容**
　・インタビュー形式で、先輩から話を聞く（30分）
　　仕事をしていてよかったこと、うれしかったこと
　　困ったこと、つらいと思ったこと
　　休みの日にはどんなことをして過ごすか
　　給料をどのように使っているか　など
　・グループに分かれて意見交換（30分）
　　先輩（卒業生）とその保護者もグループに入る

話し合いでは、将来自立するにあたって必要な力、または身につけておくべき具体的なスキルについて話題になることが多い。また、仕事で褒められた時の喜び、仲間と関わることの楽しさについて話す卒業生もいる。卒業生の話を聞いていると、達成感や成就感、認められる喜びが仕事のやりがいとなっていることが分かる。

【卒業生へのインタビューから】
○　**仕事をしていてうれしかったことは？**
- 職場の人とコミュニケーションがとれて、仕事以外の話ができたことがうれしかった。
- 帯加工の作業で、失敗せずできるとうれしい。
- 仕事ができることがうれしい。

○　**仕事をしていて困ったことやつらかったことは？**
- 学校と違って、土曜日にも出勤しなければいけない時がある。
- 立ち仕事なので、足が慣れるまで大変だった。
- 会社のルールが分からず困ったことがあった。そんな時は、ノートに書いて会社の人に質問するようにしている。
- 作業が難しい時がある。

【保護者の感想】
- 先輩や保護者の方の表情がとても明るくて、将来に向けて心配ばかりしなくてもいいのかなと思った。
- 心配していたことが少しやわらいだような気がした。
- 少人数での話し合いなので、とても話しやすかった。
- 4人の先輩がとても仲がよさそうなのが印象的だった。自分の娘にもこんな友達ができてほしいと思った。
- 今回で5回目の参加となるが、毎回勉強

になる。自分の子どもが少しでもよくなるようにがんばろうと思った。

(2)「中学校特別支援学級合同学習会」の実践

南越ブロックの中学校において、進路指導の一環として18年継続している行事である。そこでは、自立と社会参加に向けた職業教育の充実に資するため、障がい者支援センター「ひまわり」や「福井障害者職業センター」の協力を得て、作業体験、就労にあたっての注意事項等を聞く機会を設けている。

生徒は、実際の作業を体験したり就労に関する話を聞いたりすることで、将来に向けて必要な力を学ぶ場となっている。また、自分の得意なことや苦手なことを認識し、どのような仕事が向いているのかを考えるきっかけにもなっている。

《中学校特別支援学級合同学習会》
1 **ねらい**
　(1) 「ひまわり作業所」での作業を体験したり、就労に関する話を聞いたりすることを通して、就労に関する意識・意欲を高められるようにする。
　(2) 多くの特別支援学級の生徒や作業所の人と活動をともにすることで、周囲との適切なコミュニケーション力を育てる。
　(3) 保護者には、就労に関する話や生徒の学習の参観を通して、我が子の将来の進路選択の際の一助にしてもらう。
2 **参加者**　中学生　保護者　中学校特別支援学級教員
3 **内容**
　・『障がい者支援センター「ひまわり」』での作業実習
　・就労に関する話
　　　講師：「福井障害者職業センター」
　　　　　　障害者職業カウンセラー
　　　　　　ジョブコーチ

この学習会を通して、自分の特性を理解し、働くことの大変さを実感したり、今何をすべきかを考えたりすることや仲間と協力して作業をすすめたり、自分の仕事に責任を持ったりすることは、「人とかかわる喜びや楽しさを感じることができる力」や「自ら生き生きと活動する力」を育てることに結びついていると思われる。

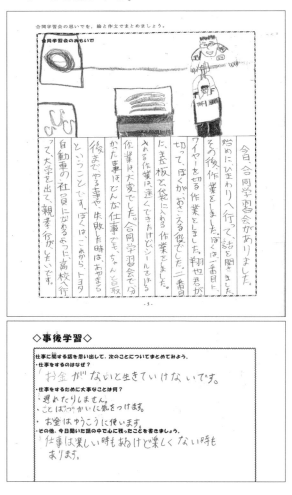

（3）地域との連携
　障がいのある児童・生徒が地域社会のなかで積極的に行動し、その一員

第4章　保護者や地域への働きかけの実践

として豊かに生きることができるよう地域の人々との交流を通して、地域での生活基盤を形成することが求められている。

ある小学校と中学校では、特別支援学級の児童・生徒が生活単元や作業学習の時間を活用して地域の方の協力を得ながら梅干しづくりや味噌づくりに取り組んでいる。梅干しや味噌を作る作業や地域や学校の文化祭での販売を通して地域の方々と交流を図っている。ある小学校では、特別支援学級の児童に交じって、通常学級の5年生の児童もたくさん応援にかけつけ、よい交流の機会となっている。

おわりに

冒頭でも述べたように、校長のリーダーシップの下、校内の支援体制の活性化と保護者や地域との連携は、インクルーシブ教育システム構築の両輪である。この間、支援体制を支える教職員の指導力や専門性が、研修などを通して次第に向上してきている。また、保護者や地域への情報発信も積極的に行われ、協力体制が次第に築き上げられてきている。

校長は特別支援教育の重要性を認識し、すべての教育活動に「共生社会の構築」の理念を掲げるとともに、特別支援教育コーディネーターを中心に、児童・生徒一人一人に応じた適切な対応をとるための学校経営、保護者や地域社会への働きかけにリーダーシップを発揮していかなければならない。

福井県越前市武生西小学校長　関　孝夫

4 小中学校

はじめに

　特別支援教育が平成19年4月から、「学校教育法」に位置付けられて、10年近くになろうとしている。しかし、その理解度や支援内容は学区レベル、行政レベル、地域レベルでの差は未だに大きい。現在でも、保護者や地域の方々の中には、特殊教育の名称が変わっただけと思われている人も少なくない。今後ますます、学校が中心となって、「障害のある児童・生徒一人一人の教育的ニーズを把握して特別な教育的支援を行っていくこと」という特別支援教育の理念を広める必要がある。特に、平成28年の4月に施行された「障害者差別解消法」により、一人一人の障害の程度に合わせた「合理的配慮」の提供が行政に義務化された。今後は、学校において、障害のある児童・生徒と保護者の方との「合意形成」を図る相談が増えることが予想される。この観点からも、保護者や地域の理解を進める必要性が高まっているといえる。

1　理解推進のための基礎

　学校経営における保護者や地域への働きかけの基礎となるものは、学校経営方針（学校経営計画）であることはいうまでもない。特別支援教育についての基本的な考えや方針、学校経営方針（学校経営計画）の中に明確に示すことが重要である。特に、特別支援教育の推進の方針は、短期、中期、長期にわたっての具体的な支援方策を示す必要がある。具体的な例としては、短期的視点として、定期的な校内委員会の実施計画やその内容等について、中期的視点としては、学期や年度毎の特別支援教育の視点からの学年や学級の取り組み計画について、長期的視点としては、3年間を見通しての個別の支援計画や指導計画の作成計画等である。

　いずれにしても、校長のリーダーシップの下に、全教職員が一丸となっ

第4章 保護者や地域への働きかけの実践

て、組織的、計画的に特別支援教育を推進していくことを学校経営方針（学校経営計画）に示し、保護者や地域に広報していくことが大切である。

2 保護者への働きかけ

　保護者の働きかけの重要なカギとなるのは、特別支援教育の視点に立った相互信頼関係の構築にある。その入口は、特別支援教育に関する理解啓蒙活動になり、その手段は多くの保護者が会する場を利用した説明になるのが一般的であろう。しかし、現在ＰＴＡ組織や活動も危ぶまれている学校も数多くあり、多くの保護者が集まる機会を設定しても、参加者はごく一部という現実がある。このことが、現在でもなかなか特別支援教育の理解が進まない理由の一つと考えられる。しかし、理解が深まっていない状況で、具体的支援を進めようとすると、保護者から「学校の先生方は、我が子を特別視している」という不信感を生んでしまうことになる。ゆえに、いかにして保護者が学校教育に関心が高い時期に特別支援教育の視点に立った信頼関係を構築していくかが課題である。

　中学校では、学校公開や授業参観の参加率も学年が進行するごとに低下していく現実がある。3年の高校進学説明会で、急激に参加率が上がるが、そこからの特別支援教育的視点からの支援といっても、限界がある。やはり、入学時の中学校教育に感心が高い時期が大切である。特に、1年生の第1回目の保護者会や保護者面談がポイントとなろう。その際に伝えておくべき内容をまとめる。

①特別支援教育についての理念をしっかり示す

　大切なポイントは、障害のある生徒のみに視点を置いた取り組みだけではなく、生徒一人一人の教育ニーズを把握し、その持てる力を高め、適切な指導及び支援を行うものであることを伝える。

②支援の組織体制とその機能を伝える

　特別支援教育校内委員会（各学校でその名称が違うと考えられる）の構成員やその機能を伝える。その際に留意した点は、特別支援教育コーディネーター、スクールカウンセラー、スクールソーシャルワーカー等の役割

も明確に伝えておく必要がある（教師でも、臨床心理士と社会福祉士の専門性の違いが理解されていない場合がある）。

③支援までの具体的な手順を伝える

　実際の支援までの手順をフローチャート等を作成して示す（実際は、生徒の実態や状況、学校の体制によって違いがある）。

④窓口を明確にする

　多くの場合は、担任への相談で支援依頼が入ってくると考えられる。しかし、担任だけではなく、養護教諭や特別支援教育コーディネーター、スクールカウンセラー等で構わないことを伝えておく。意外に、成績に影響すると思い、担任に相談しにくいと感じている保護者が多い。最終的には、特別支援教育コーディネーターに集約されることが望ましい。

⑤特別支援学級（情緒の固定または通級）が併設されている学校の場合は、そことの連携の在り方も説明する

　特別支援学級（情緒の固定または通級）の支援について、現在でもなかなか保護者に理解されていない場合が多い。説明する際には、成績への影響（評価・評定への対応のあり方等）もしっかりと説明をしておきたい。後々、トラブルになることが少なくない。

3　地域への働きかけ

　地域への特別支援教育、障害のある子どもに対する理解の推進は、10年近くになっても、なかなか進んでいない現状がある。各地で特別支援教育に関する研修会は、この頃頻繁に行われるようになってきてはいるが、その多くは障害特性理解と一対一における支援のあり方が主である。また、「障害者差別解消法」の施行に伴う「合理的配慮」が学校等において義務付けられてから、ますますその観点での研修会が増えてきている。

　学校では、通常の学級に在籍する生徒や固定学級に在籍する生徒に関する集団の中での支援等が重要な課題となっている。しかし、地域で行われている特別支援教育に関する研修会等で示される内容と現場での実態との差異が広がってきている。校長は、自校における特別教育の方向性や具体

第4章 保護者や地域への働きかけの実践

的支援のあり方を今こそ明確にしておく必要があろう。

　特別支援教育、障害のある子どもに対する理解の推進の働きかけの最初は自校における特別支援教育の方向性や具体的支援のあり方の周知の徹底になるが、地域の方々といっても漠然としている。組織体として考えると、まず学校との関係で最も強いものとしては、学校運営協議会である。次は、学校評議員会となり、民生委員・児童委員、保護者会、自治会・町内会等になろう。　以下、それぞれの組織体の特性と具体的な周知の手だてについて述べる。

①学校運営協議会

　学校運営協議会は、文部科学省が組織づくりを推進している地域運営学校の学校運営組織体である〈平成19年9月9日から法定の制度となり、全国の公立小中学校1割の設置〉。組織そのものが、地域の意思を学校運営に反映するために法的根拠に基づいて一定の権限をもつ組織体である。よって、保護者や地域住民との意思疎通や協力関係を高めるための組織体という観点から、地域への特別支援教育、障害のある子どもの理解を進めるための地域への働きかけの要となる組織体ともいえる。したがって、校長が進めようとする特別支援教育の考えについて最初に理解を得ておく必要がある。その際には、現在の自校の支援が必要と思われる生徒やその障害の特性、また具体的支援方法等もできる限り説明しておきたい。その際には、集団守秘義務の観点も抑えておく必要がある。

②学校評議員会

　学校評議員会は、学校運営協議会とはその設立の流れから会の目的や性質が異なっている。校長の求めに応じて、委員の個人としての責任において意見を述べることが可能ということから、校長自身がしっかりとした特別支援教育の推進の方向性に対して思いや考えをもって、何について意見をもらいたいのかを明確にしておく必要がある。この組織体も、地域の代表や地域の有識者によって構成されていることが多く、学校運営協議会と共に、地域への特別支援教育、障害のある子どもの理解を進めるための地域への働きかけの要となり得る組織体である。

③民生委員・児童委員
　民生委員・児童委員は、厚生労働大臣から委嘱された地域の社会福祉の観点に立った地域ボランティアである。特に、児童委員は、子どもに特化した役割を担っている。特別支援教育の観点からは、学校と家庭・地域との懸け橋的な存在であり、地域のソーシャルワーカーである。校長が進めようとする特別支援教育の考えについて民生委員・児童委員の方々に理解していただける機会を意図的に設ける必要がある。学校が、具体的な支援を進めるためには本人はもとより、保護者の了解が必ず必要となる。しかし、保護者にも課題がありなかなか進められない現実が少なからずある。そのような際に、民生委員・児童委員の方々が仲介に入って進めていただくとスムーズに進行するケースも多い。

④自治会・町内会
　住民の互助理念の下に、生活環境の向上を目的とした自主組織である。現在はどの地域においても、その加入率が低下して地域課題の一つとはなっているが、学校にとっての地域支援組織としては欠かせないものである。自治会・町内会では、年一回の総会や地域親睦行事等があったり、学校においては「道徳授業地域公開講座」等その接点は少なからずある。校長は、そのような機会を好機として捉え、自らが進めようとする特別支援教育の考えについてリーフレット等を作成し、周知の徹底を図りたい。

⑤地域の駐在所の所員
　意外に働きかけで漏れてしまいがちであるが、駐在所の所員は中学生の時期においては情報共有の観点からも働きかけをしておきたい存在である。中学生の時期は、二次障害として発症し、事件・事故を起こしてしまったり、巻き込まれたりすることも少なくない。そのような問題行動の初期段階に関わることが多いのは地域の駐在所の所員である。その時に、その当該生徒への特別支援教育的視点の有無は、初期の対応のあり方から始まり、後々の更生にも大きく影響してくる。一例としては、解離性遁走を発症して徘徊していた子どもをその特性を理解していた地域の駐在所の所員が発見、保護をして児童相談所にすぐにつなぎ、事なきを得て後の回復を早めることがあった。それぞれの立場を理解して、是非とも働きかけをしてお

きたいものである。
⑥幼稚園・保育園・小学校・高等学校・特別支援学校

　教育は途切れない営みである。その観点からも、幼稚園・保育園・小学校も地域の教育施設として、連携と働きかけが必要である。特別支援教育が始まった当初から、個別の支援計画が幼稚園・保育園より作成され小学校へ、そして中学校へ、そして高校へと医療機関カルテのように作成され、生涯にわたって途切れのない支援が受けられるようにするとともに、個別の指導計画を作成する際の基礎資料と成り得るものとされた。しかし、現実的には全ての支援が必要とされる子どもに作成されているわけではない。よって、その普及推進からも、特別支援教育の視点からの共通理解と支援の連携・連動を目指しての働きかけが必要である。

4　具体的な働きかけの手だてのために校長がするべきこと

①発達段階の理解

　まずは、所属職員のスキルアップである。多くの学校で、特別支援の研修会が行われているが、その多くは障害特性の理解と支援等であろう。しかし、そこに落とし穴がある。正常な発達であっても、個々の子どもに幅があり、必ずしも特別な支援の対象として認知することを必要としない子どもも多い。その視点を所属職員に育成する必要がある。つまり、特別支援教育の研修の前段階として、現代の正常な「心とからだ」の発達を理解するための校内研修会が必要である。ここがしっかりと押さえられていないと、職員は、生徒の言動が発達段階によるものか、障害の特性によるものかが判別できず、混乱してくることになり、適切な支援や機会を失うことになる。

②職員の困り度の実態把握とケース会議の実施

　現在指導している生徒に関して、指導上苦慮していることの実態の把握は大切である。そのためにも、校内委員会等を活用して、困り度に関するアンケートを実施して、実態を把握する。合わせて、生徒に対しても学級所属満足度調査等も行うことで、両面からの実態把握も意義あるところで

ある。その中から、定期的にケース会議等を行って特別支援教育に関する広角的・多角的視点を職員に養わせることは大切なことである。できれば、そのケース会議にＳＣやＳＳＷにも声をかけ、協働することも考えたい。また、①や②を実施する際に、学校運営協議会の委員や学校評議会の委員等にも声をかけ参加していただくことで、特別支援教育、障害のある子どもに対する理解の推進が効率的かつ的確になると考える。当然のことながら、集団守秘義務の制約は必要である。

③リーフレットの作成

　自校が行っている特別支援教育に特化したリーフレットを作成したいところである。一人一人の生徒の特性を大切にしたきめ細やかな指導を推進することは、現代の教育のニーズに沿ったものであり、その延長線上に特別支援教育があるのである。そのためにも、特別支援教育の理念から自校の現在の取り組みや計画、またいろいろな関係機関との連携方法等を組み入れたリーフレットを作成したい。そのリーフレットを働きかけのあらゆる場面で活用していきたい。

④ネットワークの集いの実施

　保護者や地域の方々が一堂に会する機会を設けることは難しい。それぞれの代表の方々を定期的に招聘して、ネットワークの集いの機会を意図的・計画的に実施したい。そこでの話題が口コミで伝わっていくことを狙いたい。実際、「子育てネットワーク」という名称で実施したことがあるが、非常に効果的であった経験がある。その時に留意したいことは、スーパーバイザー的に専門家がそのネットワークにいることが大切である。いわゆる、エンカウンターグループにおけるファシリテーター的役割を担う存在である。いろいろな行政機関で行っている施策の中で、活用できるものも多くある。その施策で知り合った専門家がその役割を担ってくれる場合が多い。

⑤関係機関との連携

　特別支援教育に関する事項も刻々と変化をしている。例えば、障害特性を示す言葉も数年前とは言い方や考え方も変化している。それに現場が追い付いていくことは不可能である。しかし、特別支援教育に関係する機関

や団体に所属している保護者は意外にも多く、現場の職員より専門性に長けている保護者の数も多い。そのような現状の中で、職員の発した言葉で一気に信頼を失うこともある。そのためにも、関係機関と連携の強化によって、最新の情報を入手しておきたい。

おわりに

　中学生では、どうしても二次障害の発症の問題が多い。現象は、問題行動として出てしまい、矯正的対応が急務となる生徒がいる現実がある。しかし、「先生、中学時代にもう少し早く自分のことが分かって、支援を受けていたら、人生変わったかな」と言った生徒の言葉が忘れられない。「困っている子ども」を発見し、共感性をもって支援をすることが特別支援教育であることを忘れてはならない。

東京都八王子市立加住小中学校統括校長　**清水　和彦**

5 中学校
保護者や地域の状況を踏まえた特別支援教育の推進

I 特別支援教育の充実に向けて

1 求められる校長のリーダーシップ

　平成19年4月1日付の文部科学省通知「特別支援教育の推進」において、校長は特別支援教育実施の責任者としてリーダーシップを発揮することが求められた。それから8年を経て、特に公立小中学校では、校内委員会の設置及び特別支援教育コーディネーターの指名はほぼ100%（平成27年文科省統計）に達し、幼稚園、高等学校においてはまだ課題はあるものの、各学校における特別支援教育の体制整備はかなり進んできたといえる。また、インクルーシブ教育システム構築への動きとユニバーサルデザインの視点を踏まえた指導の改善、さらには、平成28年4月に施行された障害者差別解消法で定められた個人に必要な合理的配慮の提供等、今では特別支援教育の推進は学校教育における大きな課題であり、学校改革の柱でもある。これらの課題の解決に向けて学校組織をどうマネジメントするか、また教員の資質の向上にどう結び付けていくか、まさに校長の明確なビジョンとリーダーシップが期待されている。

2 校内組織の連携強化

　各学校においては、生徒指導委員会、教育相談委員会、特別支援教育校内委員会等で協議される子どもの多くは共通している場合が多い。これは、学習面や行動面の課題を掘り下げていくと、発達の偏りや特徴に由来するケースが少なからず見られるからである。そこで、校内組織の構成メンバーに管理職、特別支援教育コーディネーター、スクールカウンセラー等を必ず入れ、特別支援教育の視点からの協議を行うなど、子どもの指導に関わる校内組織を結び付けることが大切である。つまり、一人の子どもを様々

な側面からとらえることで、子どもの理解が深まり、適切な指導・支援に結び付けることができる。また教員にとっても、子どもを多様な視点からとらえる力量が養われ、資質の向上につながる。

3　校内資源の活用

　特別支援学級や通級指導教室を設置する学校であれば、それら特別支援教育に関わる校内資源を中核にして特別支援教育を推進することが望まれる。特別支援学級担任による通常の学級の子どもの個別指導や通常の学級での支援等、いわゆる特別支援学級の弾力的運用、交流及び共同学習の積極的な推進、中学校であれば、特別支援学級の授業を多くの教科担当が行えるように、持ち時間数や時間割を工夫することなどが考えられる。また、通級指導担当教員については、学校全体を見渡せる立場を生かして、特別支援教育コーディネーターに指名するなど考えられる。これらの取組をとおして、学校全体の特別支援教育への理解啓発につなげるとともに、通常の学級と特別支援学級間など、多様な学びの場を子どもや教員が行き交う柔軟な仕組みを構築すること、それは、今求められている学校の姿であるといえよう。

4　保護者の思いに寄り添う

　発達障害や特別支援教育への理解が進む中で、保護者自身が子どもの発達の特徴や偏りに幼い頃から気づいていたり、以前に療育、医療、相談の各機関につながったことがあるにもかかわらず、それらの情報が学校に十分に伝わっていないケースが多く見られるようになってきた。そのため、学校での気づきが支援への出発点となり、支援が後手にまわる場合も少なくない。学校においては、気づきを具体的な支援に結び付けるノウハウや力量を備えておき、迅速かつ適切に対応するとともに、保護者が学校と子どもの発達面の課題について共有できるよう、保護者支援という観点からも地道で継続的な関わりをもつことが大切である。その際は、学級担任や

学年担当と少し距離を置き、客観的な立場から専門的なアドバイスができる特別支援教育コーディネーターやスクールカウンセラーが積極的に関わっていくことが不可欠である。

Ⅱ 本校における特別支援教育の実践

1 特別支援教育推進の背景

（1）通級指導教室設置の経緯から

　本校には、中学校では全国的にも数少ない難聴・言語障害通級指導教室「ことばの教室」が設置されており、現在、埼玉県内では中学校で2校のみの設置となっている。その前身は昭和48年に設置された言語障害特殊学級で、生徒たちは公共交通機関を利用し、本校の言語障害特殊学級に通学し専門的な指導を受けていた。また、特殊学級に在籍しながら、多くの時間は本校の通常の学級で授業を受けており（交流及び共同学習）、通常の学級の生徒及び教員にとっては、聴覚障害のある生徒が各学級で生活している状況がごく普通であった。その中で、当該生徒の座席位置を配慮する、連絡事項は文字で示す、生徒の方を向いて明瞭に発音するなど、現在の合理的配慮にあたる配慮も自然と行われていたのである。さらには、当該生徒の学校行事への参加はすべて通常の学級とともに行われるなど、インクルーシブな教育の素地は、古くから培われてきた。

　そして、平成5年の通級による指導の制度化の後、平成8年に言語障害特殊学級が難聴・言語障害通級指導教室に改編され、今に至っている。平成28年4月1日現在、自校通級4名、他校通級21名の計25名の生徒が、1～2週間で1回程度、通級による指導を受けている。

（2）地域・保護者の状況から

　本校は各学年3学級の小規模の学校である。地域は住民の流出入が比較的少なく、三世代家庭も多い安定した地域性である。関係小学校は2校で、本校及び小学校2校とも特別支援学級は設置されていない。その内1校の小学校から本校に入学してくる生徒が約9割を占める。このような地域性、

及びほぼ一小一中の関係の中で、子ども間や保護者間、地域住民間で濃密な人間関係が構築されている。そのため、子どもの状態は把握しつつも、特別な支援を受けることに踏み切れない保護者の意識や、学校には非常に協力的であるがやや保守的ともいえる地域の意識が、本校学区域で特別支援学級の設置が進まない要因の一つともなっている。つまり、本校においては、個に応じたきめ細かい指導を受ける必要があると思われる生徒が、適切な支援を充分に受けないまま、小学校から通常の学級で生活しているケースも少なくないのである。この状況を鑑みると、本校においてはインクルーシブな教育を積極的に推進する必要性に迫られているといえる。

また一小一中という関係の中で、これらの状況を小学校と共有・連携し、該当する児童の早期からの適切な支援に結び付けるとともに、教育形態の変更等についても、小学校からの継続的な働きかけを行うことが必要である。その際は、教員からの働きかけだけでなく、スクールカウンセラー（週1回勤務、以下、SC）やスクールソーシャルワーカー（月1回勤務、以下、SSW）等が、心理面や福祉面の専門性を生かしながら、保護者の相談に応じたり他機関につないだりするなど、積極的に関わるよう努めていきたいと考えている。

（3）教員配置・組織体制から

本校では「ことばの教室」の担当教員1名を特別支援教育コーディネーター（以下、CO）として指名している。当該教員は、特別支援教育の経験と専門性に富んでおり、また通級加配教員であるため、学年に所属せず教科の授業は担当していないことなど、全校生徒を俯瞰的に把握できる立場を最大限に生かしながら、本校の特別支援教育推進の要としての役割を果たしている。そして、「ことばの教室」における自立活動の指導とともに、COとして以下の多岐にわたる職務にあたっている。

①特別支援教育校内委員会及び校内就学支援委員会の運営
②支援を要する生徒の個別の指導計画の作成
③支援を要する生徒及び保護者との面談
④支援を要する生徒の発達検査の実施
⑤支援を要する生徒の学級担任及び学年との連絡・調整

⑥支援を要する生徒の状況や指導・支援方法の職員への周知
⑦さわやか相談員（校内にある相談室担当）との連携
⑧スクールアシスタント（以下、ＳＡ）の配置計画の作成
⑨ＳＣ及びＳＳＷとの連絡・調整
⑩校内研修会の計画・実施
⑪関係機関との連携

また、本校の特別支援教育校内委員会の構成は右のとおりで、月１回時間割の中で実施している。校内委員会では、生徒の状況の把握、発達検査の結果分析、個別の指導計画をもとにした具体的な指導・支援方法の検討、

> 校長、教頭、ＣＯ、ＳＣ、ＳＳＷ、各学年担当１名ずつ養護教諭、さわやか相談員、ＳＡ２名
> 合計12名

卒業後を見通した今後の指導方針の検討、保護者との連携の方策、医療等他機関との関わりなどについて協議している。

（４）生徒の活動から

本校はＪＲＣ加盟登録校であり、生徒会の委員会活動の中にＪＲＣ委員会があり、福祉・ボランティアを中心とした活動を行っている。その一つとして、集会活動の際に、在籍する難聴生徒の情報保障のために生徒による要約筆記（後述）を行っている。

以上のように、本校には昔から障害のある生徒と共に生活する状況があり、さらには高齢者の多い地域の中で、他者理解やノーマライゼーションの意識が普段の生活を通して生徒に醸成されてきたのである。これらが本校の特別支援教育の基盤となっている。

2　特別な支援を必要とする生徒の在籍状況

（平成28年４月１日現在）

個別の指導計画を作成し支援を行っている生徒	１年	２年	３年	合計
聴覚障害のある生徒の数	1		3	4
発達障害等があると思われる生徒の数	4	7	1	12
外国籍で支援が必要な生徒の数		1		1

第 4 章　保護者や地域への働きかけの実践

　本校において特別な支援を要する生徒として取り上げているのは上の表の17名で、全校生徒の6.2％にあたる。また、発達障害等があると思われる生徒数12名は全校生徒の4.4％にあたり、これは、平成24年の文部科学省調査で、中学校において、知的発達に遅れはないものの学習面又は行動面で著しい困難を示すとされた生徒の在籍率4.0％（全体6.5％）とほぼ同率となっている。

3　本校における実践例

　本校がインクルーシブな状況にあること、また特別支援学級設置が課題であることなどを踏まえ、本校では次に示す取組を行っている。

（1）聴覚障害のある生徒への合理的配慮
①要約筆記による情報保障

　本校では、聴覚障害のある生徒への情報保障のために、儀式や朝会などの集会活動においてＪＲＣ委員会の生徒による要約筆記を行っている（**写真1**）。この活動は、生徒の主体的活動として位置付けており、事前に生徒自身で原稿を依頼し、データでの提出を受け、ソフトに組み込むとともに、当日のスクリーンへの文字提示も生徒が行っている（**写真2**）。

写真1

　本来の要約筆記は、その場で話を聞きながら内容を要約して提示するものであるが、生徒の技量では困難であるので、事前の原稿提出という方法をとっている。中には、原稿にない内容についても、即座に要約して提示しようと意欲

写真2

を見せる生徒もいる。

　また、この要約筆記は、聴覚障害のある生徒への合理的配慮の観点から行っているのであるが、他の生徒についても、障害者への理解促進やボランティア意識の醸成等、教育的効果が認められる。

　さらに実際の場面では、他の生徒も文字を目で追いながら話を聞くことも多く、聴覚よりも視覚優位の特徴をもつ生徒への支援という観点からも効果的である。その点で本校の要約筆記は、学校におけるユニバーサルデザインの実践の一つとしてとらえることができる。加えてこの取組は、儀式や集会に訪れる保護者や地域住民にも広くアピールしており、本校学区域におけるノーマライゼーション社会構築への意識の高まりにつながることを期待している。

②定期テストにおける合理的配慮

　聴覚障害のある生徒に対して、定期テストの際、英語のリスニングテストにおいて英文の読み上げ（**写真3**）及びCDやテロップによる提示（**写真4**）など、その生徒の状態に応じた合理的配慮を行っている。

　また、これら平常の学校生活で配慮されている事項は、公立高校入試の際にも同様に配慮されることになる。

写真3

③その他の配慮事項

　その他、教室の授業におけるFMマイクの使用や座席の配慮、正面から話しかけるなど、平常の学校生活においても様々な配慮を行っている。

写真4

（2）発達障害等があると思われる生徒への支援

①SAの配置と活用

　本校には、教員免許を持つ非常勤職員であるSAが3名配置されている。その内1名は「ことばの教室」の指導補助にあたっており、2名（SA1、SA2）が配慮を要する生徒の支援や授業の補助にあたっている。一週間

第4章　保護者や地域への働きかけの実践

学級	月曜日					火曜日						水曜日					
	1	2	3	4	5	1	2	3	4	5	6	1	2	3	4	5	6
1-1	G	体	理	国	学	社	技	家	G	数	総	道	体	数	G	国	音
1-2	体	国	数	G		数	国	技	家	G		国	道	体	社	理	G
1-3	国	G	体	数	活	G	家	国	技	理	合	数	社	道	体	※	美
2-1	国	G	技	家	学	理	数	国	社	体	G	社	美	音	理	G	体
2-2	G	家	国	技		数	G	美	国	体	理	国	理	G	数	社	体
2-3	理	技	家	G	活	美	数	理	国	体	体	G	国	社	数	理	

G：グローバル・スタディ（新しい英語教育）　※：G音美　＊：道G

学級	木曜日						金曜日					
	1	2	3	4	5	6	1	2	3	4	5	6
1-1	社	G	国	数	理	体	数	G	社	数	※	美
1-2	※	美	体	理	社	数	G	理	数	国	社	音
1-3	数	音	社	国	G	理	理	国	体	G	数	社
2-1	理	数	G	国	総	総	体	＊	社	国	理	数
2-2	社	G	理	音			体	社	＊	数	国	理
2-3	数	国	社	G	道	合	音	体	理	＊	社	国

□ SA1が支援に入る時間
○ SA2が支援に入る時間
⬚ SA1が個別指導を行う時間

のＳＡの配置状況は上の表のとおりである。国語と数学を中心として、授業における当該生徒の学習支援を主に行っている。

　ここで示す他にも、体育や理科の実験など集中の弱さから危険を伴う場合や、美術や家庭科で刃物を使用するなど手指の巧緻性の低さから怪我の恐れがある場合等においては、扱う題材によってＳＡが当該生徒の支援に入ることになっている。なお３年生については、教科担当教員の配慮の範囲で支援が可能であると校内委員会で判断されたため、ＳＡは配置していない。

②定期テスト問題の工夫

　本校では、平成27年度より「見やすい」テスト問題の作成に取り組んでいる。これまでのテスト問題は、教科によって形式が様々で、実際のとこ

ろ、文字が小さく、行間や字間も詰まっていて読みにくいテスト問題もあった(**写真5**)。そこで、読み書きに困難さのある生徒もいることから、以下の観点で、テスト問題の形式を統一して作成するようにした(**写真6**)。

・用紙はＡ３を使用する
・文字は12ポイントとする
・明朝体は使用しない
・余白と行間を広くとる

この取組の効果についての検証は今後の課題であるが、配慮を要する生徒のみならず、すべての生徒にとって分かりやすい「テスト問題のユニバーサルデザイン化」であることは明らかといえる。さらに昨年度は、教室では集中を欠く生徒に対して、希望制で定期テストの別室受験も実施した。28年度は希望者がいないため実施していない。

写真5

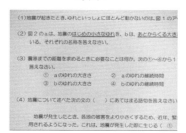

写真6

③個別指導の実現

現在、特別な支援を要する生徒２名に対して、ＳＡ１が中心となり、本人及び保護者と合意形成を図りながら、授業時間中の別室における個別指導を行っている(前頁表の▨の時間)。２年女子生徒１名は、外国籍で日本語習得中の生徒であり、週３時間日本語指導を中心に、コミュニケーション力の向上をめざす指導を行っている。

２年男子生徒１名は、知的面の遅れも考慮に入れる必要のある生徒である。週５時間国語と数学を中心に、身辺処理や適切な人との関わりに関する指導も含め個別指導を行っている。指導では、具体物を使って理解を進めるなど、本人の学習ペースに応じた工夫を行っている(**写真7**)が、これまで通常の学級において、その場を繕う術の習得に本人が徹してきた代償は

写真7

大きく、自立に向けた生活力の向上が極めて大きな課題である。

この個別指導は、いわば特別支援教室の取組に近いものであるが、中学校の場合は小学校と異なり、ＳＡのもつ教員免許が必ずしも指導教科と一致しているとは限らない。そのため本校においては、授業中の別室における個別指導を、教育課程上、Ｔ１の指導のもとでの習熟度別学習として位置付けている。そして、個別指導の学習内容と成果については、毎時間Ｔ１と担任へ報告書をあげるようにするとともに、評価については、教室での学習と合わせてＴ１が総合的に判断し行うようにしている。

おわりに

本校では以上のように、校内資源を最大限活用して配慮を要する生徒の支援にあたっているが、合理的配慮に取り組むにつれて、他にも合理的配慮を必要とする生徒の存在が見えてくる。今感じているのは、合理的配慮における「均衡を失したり過度の負担を課さない範囲」の難しさである。人的配置の限界や指導時間、指導場所等の物理的な限界もある中、学校における合理的配慮の範囲をどうとらえるか、今後それぞれの学校の状況で、取組に大きく差異が生じてくると考えられる。

そのような中、個別指導を受けていた２年男子生徒が、本人・保護者ともに特別支援学級への入級を希望し、教育形態の変更へ向けて動き出すこととなった。本人への可能な限りの支援と、保護者への地道な働きかけが実を結んだ結果となったのである。平成29年度、いよいよ本校に特別支援学級が設置される。

さいたま市立大宮南中学校長　永妻　恒男

6 特別支援学校

はじめに

　平成28年4月28日、120人の来賓をお迎えして秋田県立大曲支援学校せんぼく校の開校式が行われた。

　平成25年4月に大曲養護学校（当時）せんぼく分教室が角館児童館の一部を借用する形で開設されてから3年目の春を迎え、杉の木肌と樺細工の美しい新校舎での学習が始まった。小学部8人、中学部8人の計16人でスタートした分教室が小学部から高等部までの児童生徒32人を抱える分校へと大きく成長してきたことを実感する開校式だった。

　大曲養護学校せんぼく分教室開設から大曲支援学校せんぼく校開校までの歩みをたどりながら、「保護者や地域の理解を進めるため」の実践を紹介したい。

1　せんぼく分教室開設まで

　大曲養護学校は平成4年に開校し、在籍する児童生徒の大多数は旧大曲市を中心とする大仙市と旧角館町、田沢湖町、西木村が合併して誕生した仙北市に居住している。大曲養護学校と角館町中心部の間は南北およそ20km、車で40分ほどの位置関係にある。旧田沢湖町、西木村は角館のさらに北東側に位置しており、これらの地域から大曲養護学校に通う児童生徒の一部は片道1時間半以上の通学時間を要していた。

　一方で、角館地区の県立高校2校の統合計画が進行し、平成22年7月に「仙北市明日の県立高校を考える市民会議」が仙北市に第六次高等学校整

備計画に係る意見書を提出した。意見書の中には角館地区統合校定時制課程独立校舎に養護学校併設を希望する旨が明記された。

　このような状況の中、大曲養護学校仙北地域分校（仮称）開校に関する仙北地域の保護者、仙北市教育委員会、秋田県教育委員会による意見交換会が平成22年12月に開催された。この意見交換会は仙北市における特別支援教育や福祉の将来像について関係者が語り合う場となり、仙北地域分校（仮称）開校に向けた機運が一気に高まった。

　平成23年6月には、大曲養護学校をささえる会（地域の有志による任意の学校後援会組織）と大曲養護学校ＰＴＡ連名による請願書が県議会と仙北市議会に、要望書が県教育委員会に提出され、それぞれ採択、受理された。同年9月には独立校舎完成を待たずに暫定分教室開設を求める陳情書が県議会に提出され、分教室開設の準備が本格的に進められることになった。

　分教室開設の準備が進む中で、大曲養護学校本校は平成23年度から「であい、ふれあい、まなびあい活動」を開始した。仙北市内各地で学習活動、交流活動、貢献活動を展開した。角館保育園での雪像作り、西明寺小学校との夏祭り、角館中学校と共同の桜並木の施肥作業、角館南高等学校との音楽交流、武家屋敷や田沢湖畔の清掃など、大曲養護学校の児童生徒は積極的に地域に出て活動した。

　仙北市以外の居住者も含めた児童生徒の積極的な活動に対して、仙北市の学校関係者、数多くの市民が児童生徒を受け入れ、指導し、見守ってくださった。この地域の歴史、文化、伝統が住む人々の心の温かさや懐の深さを形づくってきたのであろう。

　そして、平成25年4月、仙北市角館児童館の一部を借用する形で大曲養護学校せんぼく分教室が開設された。

2　小さな小さな分教室

　角館児童館は、保育所として使用していた建物を子育てサークルや学童保育の場として再利用している施設である。角館駅から歩いて10分弱の町

中にあり、民家や観光名所の武家屋敷と接している。

　建物の2階部分の3部屋、合計約200㎡に仕切りを入れ、教室3つと職員室、更衣室とした。トイレは児童館のものを一部改造し、共用させていただいた。小学部8人、中学部8人、計16人の児童生徒と教頭を含めた11人の職員が、ここで学校生活を送ることになった。

　建物の1階には保育所のホールとして使用していた空間があり、体育や集会に活用した。近隣の小学校から学童利用の児童が帰ってくる14時頃までは自由に使える部分もあったが、小さな小さな分教室だった。

3　一日息子、一日娘

　このような状況の中、筆者の大曲養護学校長としての仕事が始まった。4月の本校PTA総会で筆者はこんな話をした。

　「（略）4月17日はせんぼく分教室の開設式でした。大曲養護学校入学式に64人、せんぼく分教室開設式に67人のご来賓がいらっしゃいました。大曲養護学校は地域のたくさんの人にお世話になっている学校なのだ、と改めて実感しています。

　せんぼく分教室について、ちょっと心配していることがあります。初年度から中学部1年生が7人も入って、小・中学部合わせてすでに16人になっています。この後、分校ができるまでの3年間で児童生徒数がどんどん増えると、角館児童館の教室が一杯になってしまうのではないかと心配しています。それで、今考えているのが、よく有名人の一日駅長とか、一日警察署長とかありますが、教室が一杯になったら、せんぼく分教室の子どもたちを一日息子とか、一日娘、一日孫ということで仙北市の各家庭に預かってもらって、その家の生活やしきたりを教えてもらえば、いい勉強になるなあ、ということです。仙北市の人口は約3万人、世帯数は1万800件ほ

第4章　保護者や地域への働きかけの実践

どなので、一日30人位がお世話になっても、しばらくは間に合うなと思っています。

　もちろん冗談ですが、子どもたちが勉強する場所は学校の中だけではありません。大仙市、仙北市、美郷町など、この地域全体が学校だと考えれば、今お話ししたこともまるっきり冗談というわけではないと思います。入学式、開設式に出席いただいた来賓の数を紹介しましたが、学校の応援団はこの地域にたくさんいます。これまでも大曲養護学校の児童生徒と様々な交流をしていただいたり、現場実習等に協力していただいたりしています。

　このように児童生徒に対する理解が進むにつれて、卒業生の一般事業所等への就職も増えていますし、地域での生活もしやすくなってきています。（略）」

4　地域が教室

　大曲養護学校本校では、平成4年の開校以来、地域とともに地域資源を生かした教育活動を行ってきた。平成16年度からは、教育活動の柱として、感謝される（他の人の役に立つ）体験を重視するようになった。小学部では以前から行っていた手作りカレンダーの配付先を増やし、中学部・高等部ではクリーンアップや除雪・雪像作りなどを開始した。

　開設1年目のせんぼく分教室では、本校で2年間実施した「であい、ふれあい、まなびあい活動」を引き継ぐ形で「ふれ合う」「学び合う」「育ち合う」を合い言葉に地域の理解を進める活動を開始した。

（1）地域貢献活動と分教室まつり

　分教室の始業式当日、4月4日、周辺にはまだ雪の壁があり、職員駐車場（角館駅利用者も使用している）までの私道、階段にも大量の雪が残っていた。地域貢献活動のスタートとして、始業式から3日間、中学部生徒と職員による除雪作業を実施した。平成25年度

111

は年度末の2月を含め、地域での除雪作業を計4回実施した。また、桜の季節を中心に年間200万人以上の観光客が訪れる角館町内の清掃活動を4回実施した。この他、角館公民館公民大学（サークル活動）の受講生の方々と共同の花壇整備、角館中学校と共同の桜並木の施肥作業、観光協会等と共同の清掃活動などを行った。

地域での交流をさらに深めるために企画したのが季節ごとの「分教室まつり」である。開設後一月足らずで開催した5月2日の春まつりには、地域の方々と保護者等が20名ほど参加した。夏まつり以降は、児童生徒による事前の宣伝活動、春まつり参加者や後述する学習活動支援者の勧誘による新たな交流などにより、40名以上が参加するようになった。

児童生徒と参加者双方が楽しめるよう、みこしの巡行やゲーム大会、紅白歌合戦、なべっこ会食、餅つきなど、まつりの内容も工夫した。まつりを通じて小学校との学校間交流なども行った。

（2）学習活動支援

仙北市在住のプロの音楽家（器楽演奏者やシンガーソングライター）や小・中学校の元教員、公民館関係者などが積極的に分教室の学習活動に協力してくださったことも大変ありがたかった。

また、校外学習として地域の産業である紙すきや伝統菓子作りを体験させていただいたり、個人の畑を開放していただき、継続的に野菜作りの指導を受けたりした。

平成25年度の教科等の学習活動に対する支援は音楽6回、体育3回、美術5回、紙すき3回、畑作業8回を数える。

（3）地域での展示活動・発表活動

児童生徒が地域で活動するだけでなく、普段の児童生徒の学習活動を知っ

第4章　保護者や地域への働きかけの実践

ていただくために、児童生徒の学習の様子を紹介するパネル展示や作品・製品展示を行った。25年度は地域のホテル、交流施設、商業施設、喫茶店、日帰り入浴施設等で数日〜2週間程度の展示会を7回行った。地域交流施設で11月に1週間実施した「おもてなしふれあい展」では、生徒手作りの芋ようかんとお茶によるおもてなしが大好評だった。

　仙北市は各地区に伝統行事が数多くあり、行事や各種催し物にも招いていただいた。近隣の神社での節分祭では、豆の袋詰めの作業を依頼され、神事と豆まきに参加させていただいた。仙北市上桧木内の紙風船上げや角館の火振りかまくらでのミニかまくら作りなど小正月行事にも参加した。

　ふれあい芸能文化発表会や校歌コンテスト、「元気してらがフェスティバル」など地域でのイベントでは歌やダンスを披露し、日頃の学習成果を発表した。また、地域の老人デイサービス施設では、劇や群読などを披露し、利用者の方々と交流を深めた。

(4)　他校・園との交流

　仙北市内の保育園、学校との交流及び共同学習も様々な形で実施した。平成25年度は、保育園1園、小学校3校、中学校3校、高等学校2校と秋田内陸線沿線の他地域の特別支援学校1校の計10校・園と18回の交流及び共同学習を行った。

　特別支援学級と共同の音楽交流やＡＬＴによる英語活動交流、特定学年とのふれあい交流、地域行事を通じた学校全体との交流などを通じて、せんぼく分教室と地域の学校・園の幼児児童生徒同士の相互理解が深まっていった。

　事前に分教室職員が相手校で出前授業を行ったケースでは、より効果的な交流活動を行うことができた。

（5）地域が教室

　仙北市内の各地で地域貢献活動や交流活動等を行った結果、地域の方々にはせんぼく分教室の教育活動と分教室の児童生徒の様子を身近に感じ、具体的に理解していただくことができた。「分教室の子どもたちだね、ご苦労さん」という言葉をきっかけに、分教室に関心をもっていただいたり、新たにボランティアや学習活動支援者になっていただいたりすることも多かった。一方、児童生徒は地域の文化や伝統に触れながら活動することで、生活すること、働くことの学習を積み重ねることができた。

　床面積約200㎡のせんぼく分教室が教室の狭さを逆手にとって、人材も含めた地域全体を教育の場と捉え、積極的に外に出て活動したことは、大きな成果をもたらした。

　10月3日に開催した大曲養護学校公開研究会では、県教育委員会指導主事、本校と分教室の学部主事による、パネルディスカッションを行った。「地域が教室〜地域資源を教育に生かす〜」と題して本校と分教室の活動を紹介し、地域資源の発掘方法や地域交流の意義について意見交換した。

　また、11月7日に福島県で開催された、第37回東北地区特別支援教育知的障害教育校長会研究会福島大会では、「地域が教室〜地域資源を教育に生かす〜」という表題で大曲養護学校本校とせんぼく分教室の取組について話題提供した。

　地域資源を生かした教育活動は大曲養護学校の進路指導・生き方指導（生活する力・働く力育成）の中核となり、「地域が教室」は本校とせんぼく分教室職員の合い言葉になっていった。

5　地域交流とおもてなしの心

（1）活動の拡充

　平成26年度以降も地域の理解を進める活動をさらに拡充して実施した。春夏秋冬に実施する分教室まつりは2年目からPTAとの共催にしたことで、保護者を含め毎回50名ほどが参加するようになった。冬まつりの餅つきには、統合後の角館高等学校定時制の生徒が参加し、交流するようになった。

　学習活動支援は書道なども加わり、26年度27回、27年度29回ほどになった。

　また、26年度からは民謡・踊りの指導、和太鼓演奏、コンサート、マジックショーなどによる地域の方々との交流活動「ふれあい・たいむ」も年に8回ほど行うようになった。

　さらに、中学部では近隣の農園・農家で1週間の営農実習（現場実習）を実施し、2名の生徒が農作業、薪の処理、みそ作りなどを経験した。27年度はいちご栽培・加工・販売会社、仙北市環境保全センターも実習を引き受けてくださるようになった。

（2）茶房「せんぼくや」

　平成25年度は1回のみ開催したおもてなしふれあい展を26年度は2回、27年度は3回開催した。期間も最大10日間とし、学校紹介パネルや作品・製品展示、作業製品販売を行う一方で、期間中の1週間（実質5日間）は茶房「せんぼくや」を開店し、お茶と芋団子、寒天によるおもてなしを行った。26年度は170人、27年度は400人ほどのお客様が訪れた。

　茶房「せんぼくや」の活動により、せんぼく分教室に対する地域の理解がさらに深まった。また、児童生徒はお礼の言葉や励ましの言葉をいただくたびに、おもてなしの心を磨き、働くことに誇りと責任をもつようになっ

た。

　おもてなしふれあい展の時期や内容を工夫したことで、地域の方だけでなく、県内外の観光客も訪れるようになり、せんぼく分教室の教育内容などについて質問される機会も増えてきた。観光地としての仙北市の情報発信に協力しながら、せんぼく校ならではの「観光」を題材とした職業教育、進路学習を創造していく可能性も見えてきた。

6　保護者の協力

　せんぼく分教室在籍児童生徒数は小・中学部合わせて、平成25、26年度16人、27年度18人である。この3年間はPTAを年に4回開催している。この間の保護者の出席率は年度平均で87.5％、90.6％、95.8％となっている。両親あるいは祖父母も出席する場合も多く、回によっては延べ人数では出席率が100％を超えることもあった。

　定例のPTA以外にも四季の分教室まつりをはじめ、各種の学校行事や校外の活動に積極的に参加し、運営に協力してくださったり、記録写真の撮影等をしてくださったりする保護者が多かった。

最後の分教室冬まつり・感謝の会

　地域、保護者の要望により開設されたという経緯に加え、せんぼく分教室の、地域に根付いた教育活動と児童生徒のがんばりがPTA活動や教育活動への協力や高い参加率につながったと思われる。

7　生活する場、学ぶ場、働く場としての地域

　小・中学校に比べ、特別支援学校に在籍する児童生徒の通学範囲は広域である。特別支援学校在学中は居住地域の人々との関わりが極端に少なく

第4章　保護者や地域への働きかけの実践

なるケースも多い。現場実習や卒業後の就労を考える高等部段階になって、改めて地域とのつながりの重要性を痛感することになる。

せんぼく分教室はこれまでの3年間、地域の教育資源を開拓し、地域と共に教育活動を展開してきた。児童生徒が生活している地域まるごとを児童生徒が学ぶ場として活用する取組は、大曲支援学校せんぼく校に引き継がれていくことになった。

地域での除雪活動や清掃活動に汗を流してきた子どもたち、分教室まつりやおもてなしふれあい展でお客様を笑顔でお迎えした子どもたち、地域の伝統行事で活躍した子どもたち、地域の人々に学び、地域で実習を重ねた子どもたちが、これから次々にせんぼく校高等部から巣立っていく。

「地域が教室」を合い言葉に育ててきた子どもたちが、地域での社会参加と職業的自立を実現していくことを強く願っている。

大曲支援学校せんぼく校校舎

やさしくなりたい
強くなりたい
願いは風に乗り
誰かに届くから
手と手をつなぎたい
笑い合いたい
ほら　今　ふわり　風の中

仙北市在住シンガーソングライター
おおきあやの　作「たんぽぽ」
（せんぼく分教室のために）より

秋田県立秋田きらり支援学校長　**小林　俊昭**

第5章

ＰＴＡ等の活動

1　幼稚園・こども園
2　小学校
3　中学校①
4　中学校②
5　特別支援学校①
6　特別支援学校②

1 幼稚園・こども園

はじめに

　幼稚園・こども園に子どもたちが入園し、初めての集団での生活が始まる。幼稚園・こども園では、幼児が園に登園するとき、一日の園での遊びや生活が終わって降園するとき、概ね保護者が送り迎えをして一緒に登降園している。日々の登降園時に保護者は担任と顔を合わせ園での子どもの様子を聞いたり、保護者同士は園庭の木陰で、子どもの様子を話したり様々な情報を交換したりしている。このような毎日の保護者同士の関わりの中で、徐々に信頼関係が作られ、このことがＰＴＡ等の活動の基盤になっていく。

　幼稚園・こども園の幼児が初めての集団生活を始めるのと同じように、ＰＴＡ等の活動は保護者にとって初めてのことである。保護者は幼稚園・こども園の教育のため、また、子どもたちのために、協力し支えていこうという思いで積極的にＰＴＡ等の活動に参加している。

　幼稚園・こども園のＰＴＡ等の活動は、幼稚園と協力しながら子どもたちとともに活動を行ったり、子育てに直接関わる講演を聞いたり、時には、子育てのストレスから解き放たれて、保護者が自分自身を見つめ直す機会になったりすることもある。いずれにしても、「行って良かった」、「保護者自身が成長を実感できた」というものにすることが大切であるとともに、ＰＴＡ等の活動が保護者同士の関わりを深めたり、お互いの子どものことを分かり合ったりする場になることが重要である。

1　保護者相互の交流を促す

　幼児同士が集団の中で育ち合うように、保護者同士が連携を取り合い協力し合う関係を作り出すことも、幼児同士が育ち合うためには重要である。
　一つには、保護者会や幼稚園・こども園に関係する仕事をみんなで行う

機会を作ることで、保護者同士が自然に交流することができるようにする。そして、互いに親しみをもって関わる中で、自然に、一人一人の幼児のことが分かり、障害のある幼児についての理解が深まったり、つながりができたりする。そして、障害のある幼児の保護者の立場に立って考えることができるようにもなる。

　ある園では、食育に関するポスターを保護者同士が作成し、幼児の食育活動を推進するということをしていた。そこに、発達に遅れのあるＡ児の母親が一生懸命に取り組んでいた。ポスターを作りながら、子育ての苦労を話す場面があった。一緒に作業をしていた保護者は、Ａ児の母親の懸命な子育ての姿に共感し、自分の子育てを反省したり、励まされたりする機会となった。このことから、Ａ児の母親に対して同情ではなく、対等な交流や支え合いが必要であることを理解するようになっていった。このような保護者の雰囲気は幼児に影響し、Ａ児は周りの幼児からも思いやりのある関わりが得られ、園生活が楽しいものになった。

2　保護者同士の関係を育てる

　幼稚園・こども園では、障害のある幼児もそうでない幼児も生活を共にし、幼稚園・こども園での生活を楽しみ、発達が促されていく。それと同じように、幼稚園・こども園の生活やＰＴＡ等の活動を通して、保護者同士も、互いを理解し違いを認め合い、対等な人間関係を築いていくことが大切になってくる。

（１）ＰＴＡ家庭教育学級を通して

　幼稚園・こども園のＰＴＡ等の活動は様々なものがあるが、そのなかに保護者同士の関わりが円滑になるように親睦を深める内容のものがある。

　本園では、保護者が計画・運営を行い、保護者同士のつながりが深まっているものがある。例えば、年度当初に行われる家庭教育学級では、保護者同士で自己紹介やゲームなど、和やかな雰囲中で行われ関わり合いの場面が作られている。ここには、障害のある幼児の保護者も参加している。自分のことや子どものことを知ってもらう機会があることで、保護者同士

の理解が深まる場となっている。

（2）幼稚園・こども園の行事を通して

　また、幼稚園・こども園の行事をサポートする活動がある。行事に必要な物を準備したり、実際の行事の中でのサポートをしたりする。

　本園では、夏まつりの行事で、保護者がゲーム等のお店の手伝いをしている。夏まつりに必要な物の準備も保護者が手際よく行っている。その際の保護者同士の会話が重要である。準備をしながら様々な情報交換をし、お互いの理解が深まっている。また、行事のサポートとして参加することで、様々な幼児と触れ合う機会となる。その中で、障害のある幼児に直接関わる機会が得られ、実際に触れ合うことで先入観ではなく、その子の理解が深まることになる。これらのことも含め、行事を通して保護者が充実を得られ、連帯を深めていくことになる。

（3）ＰＴＡ役員の活動を通して

　幼稚園・こども園のＰＴＡ等の活動を支えているのがＰＴＡ役員である。ＰＴＡ等の活動が円滑に行えるように話し合いを重ね、また、幼稚園・こども園の教育活動が豊かになるように様々なサポートを企画・運営している。ＰＴＡ役員会や活動ごとの話し合いがその都度行われ、話し合いをして互いに顔を合わせる機会が多い分、保護者同士の関わりも深まっていく。

　あるとき、特別に支援の必要なＢ児の母親がＰＴＡ役員として役割を担っていたことがあった。Ｂ児の母親はＢ児の子育てに悩みを抱えていた。役員としての活動をする中で、話を聞いてくれたり共感してくれたりするＰＴＡ役員の仲間ができ、表情が徐々に明るくなっていった。また、Ｂ児のことも「かわいい、かわいい。」と周りのＰＴＡ役員の方々が受け入れてくれたり、一緒に遊んでくれたりすることで、Ｂ児の母親の子育てへの悩みや負担感が少しずつ和らいでいった。

（4）その他の活動を通して

　幼稚園・こども園を修了した後でも、ネットワークをもち保護者同士がサークルとして活動している場合もある。本園の人形劇サークルは、幼稚園・こども園を修了した保護者が運営を担い、在園児の保護者にも一緒に活動することを投げかけ、子育ての先輩の保護者と一緒に活動する良い機

会となっている。

> **＜Bちゃん、素敵だったよ＞**
> 　B児の母親は人形劇サークルに参加している。人形劇の活動は週1回降園後、幼稚園で1時間程度行われている。人形劇の練習があるときには、B児も一緒にいて、母親と一緒に歌を歌ったり、友達と遊びながら練習が終わるのを待ったりしている。B児はADHD傾向のある幼児である。母親も就学に向けてB児のことを気にかけている。
> 　人形劇サークルが幼稚園の行事の中で人形劇を披露する機会があった。そのとき、B児の母親ははりきって歌を歌ったり、率先して準備をしたりしていた。B児も母親と一緒に歌う場面や歌に合わせて踊る場面があり、一生懸命に行う様子が見られた。終わった後、やり切った気持ちを見に来ていた父親と共感する場面や、人形劇の仲間と共に喜び合い、頑張った子どもたちに「素敵だったよ、頑張ったね。」と声を掛け合う場面が見られた。

　我が子に障害があっても、生き生きと取り組むB児の母親や一生懸命に行うB児の様子を周りの保護者が自然に受け止め、受け入れ、共に行うということが見られた。

おわりに

　一人一人の幼児の特性を十分に理解し、一人一人に応じた指導をすることが幼児教育の基礎である。幼児期にこそ、一人一人が自分らしさを十分に発揮し、障害がある、障害がないにかかわらず、一人の人格として尊重され、互いに育ち合う幼稚園・こども園という集団であってほしいと願う。そのためには、保護者の理解と協力が不可欠である。幼児が安心して幼稚園・こども園の生活を楽しみ、十分に自己発揮し育ち合えるように、保護者の理解・協力を得られるようなPTA等の活動の工夫をしていき、幼児も育ち合い、保護者も育ち合える園経営と支援体制を整えていきたい。

品川区立二葉幼稚園長　　**山崎　紀子**

2 小学校

はじめに

　子供たちが生きる力や豊かな心を育み、将来の夢や希望、地域への愛着をもつためには、学校、地域、家庭が同じ方向を向き、互いに螺旋のように連携しながら上昇し活動できることが理想の姿である。

　家庭、地域社会それぞれについて、子供たちを取り巻く環境が著しく変化し、家庭や地域社会の教育力の低下が指摘されている今日、学校と家庭、さらには地域社会を結ぶ架け橋としてのＰＴＡ活動への期待は今まで以上に高いものとなってきている。

　一方で、父親の参加を得ることが従来から難しかったこと、同時に女性の社会進出の進展を背景とした状況や周囲との人間関係が希薄になった現代においては、面倒なむずかしい人付き合いを避けたいと思う方々も増え、ＰＴＡ活動についても関わりたくないと思う方も少なくはないという現状がある。

　ここでは、子供たちのために小学校ではどのようにＰＴＡと連携していくのがよいか、その取組を見直していくため、ＰＴＡ活動に対する保護者の意見、工夫した経験などを調べてみた。

1　学校におけるＰＴＡとは

　我が国におけるＰＴＡ（Parent-Teacher-Association）とは、1949年（昭和24年６月）の社会教育法公布に伴い各学校で組織された保護者と教職員により組織された社会教育団体のことであり、自主的な組織運営を任された任意の団体である。ＰＴＡは様々な思想、信条をもった会員で構成する組織であるので会員の総意に基づいて運営されることが大切である。

　保護者と教員が学び合うことで教養を高め成果を家庭・学校・地域に還元すること、児童・生徒の健全な発達に寄与するという理念と目的に照ら

第5章　ＰＴＡ等の活動

し、すべての児童・生徒のためのボランティアというのが本来の姿である。昭和20年代にはＰＴＡの類似の団体として「父母と先生の会」「保護者と教職員の会」「親と教師の会」など、学校ごとに様々な名称で組織されていた経緯もある。

　現在では、教職員と保護者による機能に加えてＣ（地域）を加えてＰＴＣＡという考え方もあるようである。

　また、国の社会審議会報告「父母と先生のあり方について」1967年（昭和42年6月）において、ＰＴＡの目的、性格、構成、運営について次のように表している。

①子供の在学時を区切りとし、年齢、職業等が異なる多様な会員構成の団体
②民主的に運営される団体
③特定の政党や宗教に偏らない団体
④他の団体や機関との積極的な連携、協力により地域の連帯感の醸成にも大きな役割を果たす団体
⑤営利を目的としない団体
⑥ボランティア精神に基づき、自主的に学習及び活動する任意の団体
⑦学校区を範囲とする地域団体であり、市や県、全国に上部組織をもつ団体

　現状では、単位ＰＴＡと呼ばれる学校単位でのＰＴＡ活動を基本として学区内のＰＴＡが組織され、市区町村単位のＰＴＡの連合体を形成し、それを基に都道府県のＰＴＡ協議会が形成され活動している。

2　小学校ごとの単位ＰＴＡの本部役員と委員会の仕事例

＜本部役員例＞

会長：ＰＴＡの代表であり、式典や行事の挨拶や総会・運営委員会の招集、保護者・地域への通知文の発行責任、連合ＰＴＡ行事など学校外での対外的な活動へ参加する。

副会長：会長の補佐役であり、会長が不在の時に代行を務める。ＰＴＡ会長は先に述べたように学校外の対外的な行事への関わりも多いので、内部での活動を主に担当する場合もある。

書記：PTAの主催する会議の議事録の作成、書類のファイリングによる文書管理などを行う。
会計：複数でPTAの予算執行、会計管理を担当する。
会計監査：その年度のPTA会計の監査をしてPTA総会で会計の適切な処理について報告する。

＜専門委員例＞

学年委員：学級内のPTA会員（保護者）のとりまとめを行う。PTA本部とPTA会員とのつなぎ役となることが多い。
広報委員：年間3～4回程度の会議をもち、PTA広報誌の編集は原則在宅で作成して学校、保護者、地域へ配布する。
校外安全委員：校外のパトロールや地域行事の際の子供たちの見守りを行う。
ベルマーク委員：学校で回収されたベルマークの回収、集計、それによる物品の購入などを行う。
指名委員：PTA会員の情報共有を行いながら次年度のPTA役員の候補者の選出を行う。
卒業対策委員：6年生の保護者で構成し、卒業を祝う会などの卒業に関する催しについて企画運営する。

3　PTA活動の活性化を図るための工夫

　民間の調査によると、①PTA役員が実際取り組んだ内容については、「学校の大きなイベント（行事）の運営などをする」ことがPTA役員時代の大きな取組であり、「保護者間のコミュニケーションの機会を設けた」ことも1割近くの方が経験されていた。

　過去PTA活動に参加して子供のためによい経験をもてたと感じている方々は、その後のPTA活動への関心も高く、PTA行事への参加率も高まることも報告されている。学校側はPTAが以下の工夫ができるようPTA会長を中心にして十分な情報共有をしておく必要がある。以下、PTA活動を滑らかに進めるための工夫例を示す。

①活動方針を書面で示す
　現在はほとんどのPTAでは組織としての活動方針を作成しているが、年度初めの定期総会で学校と確認した方針を具体的に会員に周知することが前提となる。

②年間の活動計画から実施、振り返りまでを組織的に行う
　PTA活動について今までこうしてきたからという理由で取り組んだことの評価や改善がなく毎年同じ事業を繰り返し実施している場合も少なくない。学校は、行事ごとに課題や反省点、改善策についてPTAと十分協議し次年度に引き継いでいくPDCAの流れが必要になる。

③「PTA会員」の声を聞くためのアンケート調査などを実施する
　PTA会員がどのような活動内容を希望し、どのような考えをもっているかについてアンケート調査などを実施し、その内容により今後の活動内容を工夫することで、役員会議やPTA会員の行事等への出席状況を改善することができる。また、年度初めの定期総会や各学級などの場においても意見を聞くことも重要になる。

④活動の記録を書面で残す
　定期総会や委員会ごとの会議、行事の実施において、簡潔にメモをとり記録としてまとめておくことで情報を管理し、次年度の活動の際の準備の参考となる。「この行事に参加するときには何時、誰がどこに集合する」など具体的に記録を残すことが大切である。

⑤PTA関連会議の期日や開催時間を考える
　毎月の定例の会議や活動については、参加者の都合がつきやすいように平日なら夕食の準備後や土曜日などその時の役員の状況により無理のないように決めて活動するのがよい。

⑥会議をするために集まる場所を工夫する
　PTAの会議は原則として学校のPTA室で行うことが多いが、状況によっては学校だけではなく、町会の公民館や集会場にして集まりやすい雰囲気にすることも考えられる。

⑦情報を定期的に発信する
　PTA活動とは具体的に何をしているのかわからないという会員の方も

いる。多くのPTAでは広報誌を年に数回発行しているが、それだけでは具体的な取組は見えない。広報誌には掲載できない事務的な内容など各委員会の活動状況や計画などをPTAだよりとして配布することや学校と相談して学校のホームページの一部にPTAのページを設定してもらうなどして一般の会員各々への情報提供の工夫があるとよい。ホームページに掲載する内容は学校にも確認してもらい毎月1回など定期的に情報を更新することを決めて明記しておくと見る人にとってもいつ情報が得られるかわかり便利である。

⑧小集団での活動を多くし、活動しやすくする

　PTA活動の取組の集団は内容によりその大きさが変化するものであるが、一般のPTA会員を参加しやすくするためにはできる限り小集団で実施することにより、会員の参加意識を高め、具体的な意見を出しやすくすることが工夫として考えられる。

⑨学習会などの方法を工夫する

　PTAが主催する保護者対象の学習会などでは、スライドや映画、ビデオなどの視覚に訴えるものや作品を制作するなどの作業を入れるなど、考えたり動いたりするものを取り入れるなどの工夫が効果的である。また、話し合いを行う際には事前に議題やテーマを知らせておくと一般会員も準備して参加しやすくなると思う。

⑩地域（町会）との連携を図る

　本校では、学校支援地域本部という地域の方々が「朝遊び、読み聞かせ、土曜スクール」という活動を定期的に実施し、子供たちの教育活動の大きな支えとなっている。

　現状ではPTA役員にはお母さんが多く、朝の忙しい時間にこのような活動があっても参加することはなかなかできない。この学校支援地域本部は、地域に住む卒業生の保護者や元PTA役員の方々、町会の方など、既に子供が大きくなって親の手を離れた方も多くいる。このように単位PTAだけでは、どうしても活動範囲に限界がある場合は地域町会などと連携し、任せることも一つの工夫のである。

⑪引き継ぎの場を設定する

　活動の記録を残すことは前述したが、新旧の会長、副会長など同じ役職同士で交代もあることから、年度末に一度引き継ぎの会を設定することで、新役員の方が不安にならず取り組めるようになる。

おわりに

　子供たちの豊かな心を育むためには、家庭や地域社会で様々な体験活動の機会を意図的、計画的に実施する必要がある。

　しかしその教育環境を支えることができるＰＴＡ活動は、役員になると個人的に負担が多く、そのため関与することをとどまる保護者がいることは否めない。誰かが参加しない限り子供たちの教育環境によくない影響を与えることにもなりかねない。ＰＴＡ活動は保護者の参加率が高まってこそ、その力も強くなり領域が広がるはずである。学校と地域と家庭はそれぞれの環境の違いや事情を主張し合っているだけでは結びつくどころかマイナスの影響も出てくる。

　保護者の方々が、ＰＴＡ活動は仕事を離れた人間関係や地域とのつながりをもつ機会として、学校も保護者の方々も今一度とらえ直していくことができれば子供たちの教育環境も今よりもさらに向上していくと考えられる。

大田区立蒲田小学校長　池口　洋一郎

参考
「21世紀を展望した我が国の教育の在り方について」(中央教育審議会第一次答申)
「ＰＴＡ活動をすすめるために」(京都府教育委員会)
「ＰＴＡ活動の本音と未来」(ベネッセ教育情報サイト)

3 中学校①

はじめに

　東京都府中市立府中第三中学校(以下、本校とする)は平成28年度、普通学級17学級に情緒障害等通級指導学級を併設した学校として創立56年目を迎えた。市内11校の中で、唯一の通級指導学級が併設されて14年目を迎えた。

　平成28年7月1日現在、通級指導学級の生徒数は、本校を含め市内各校から39名の生徒が週1日を基本とする通級日に登校している。

　小中学校における特別支援教育の推進は、通常の学級、通級による指導、特別支援学級、特別支援学校といった連続性のある多様な学びの場を用意し、個別の教育的ニーズに最も的確に応える指導を提供できる、多様で柔軟な仕組みを整備することが重要であるとされている。

　そして現在、小学校で始まる特別支援教室の動きの中で、通級指導学級の役割が大きく変わろうとしている。こうした多様で柔軟な仕組みを整備することの重要性とともに、その重要性を全ての保護者、全ての教職員そして一人でも多くの地域の人々に理解してもらうことこそが、共生社会の形成につながる大きな一歩であると考える。

1　学校経営方針と特別支援教育

　本校では学校経営方針として、「自他の敬愛」を校訓とし、学校は、「ひとり一人の生徒にとって、将来の夢や目標の実現に向けて多様な学びや活動を通して、生きる力を育てるところ」、学校は、「ひとり一人の生徒にとって、これまで社会に守られてきた自分を守る側に立つ自覚と責任を育てるところ」であると考え、以下のように4つの目指す学校像を示している。

　①生徒も教職員も
　　生命の尊さを深く理解し、安全で安心して生活できる学校

②生徒も教職員も
　学ぶ喜びを享受できる学校
③生徒も教職員も
　将来の夢や目標の実現に向けて生き生きと活動できる学校
④伝統と創造を重んじ、
　生徒・保護者・地域・教職員が共に支え合う学校
　また、通級指導学級の教育目標として、
「生徒一人一人の自立と社会参加を促進するための基礎的な力を育てる」
ことを掲げ、目指す生徒像として次の３つの姿を示している。
　○自分自身を見つめ、よさを表現することができる生徒
　○豊かな対人関係を築くことができる生徒
　○進んで学習することができる生徒
　この学校経営方針及び通級指導学級の教育目標には、一人一人の生徒が障害のあるなしにかかわらず、自己の将来の生き方について、今の自分を見つめ、他者との関わりの中で考え、共生社会の形成者となることを目指し掲げている。
　学校教育の根幹となる経営方針や教育目標を通して、全ての教職員が特別支援教育の根幹となる考えを共有し、広く保護者や地域に理解・啓発を図っていくことが極めて大切な取組であると考える。

2　通級指導学級におけるＰＴＡ参加の活動

　本校の通級指導学級では、表現、作業、運動、識字、ソーシャルスキルトレーニングの「自立活動」と関連付け、障害に応じた配慮をしながら教科の学習の補充を行い、一日の時間割を構成している。
　通級する生徒の多くは集団に馴染めず、適切な人間関係を築くことが苦手である。自らの考えや思いを適切な方法で表現したり、人と関わる経験を積み上げ、コミュニケーション能力を高めることが求められる。また作業や運動を通して、集中力を高めたり、情緒の安定を図るとともに集団活動を通してルールを守ること、仲間と協力して取り組むことを学ぶ機会を

設けている。特にこうした活動のねらいを保護者や在籍校の教職員と共有し、生徒の取り組む姿勢やその成果と成長を共に見つめる機会をもつことには大きな教育的効果があると考える。

そこで、本校では年2回の学習発表会を保護者と在籍校の校長や担任を招待して子供の取り組む姿を見て、その活動の評価に立ち会ってもらう取組を実施している。

(1)「通級グループ全員による運動（ダンス）発表会」（2学期）

2学期最後の通級日に、各学年ごとのダンスチームを作り、リズムやビートの利いた楽曲等を選び、練習に取り組んだ成果を発表する。1年生は恥ずかしさや難しさからはじめは消極的である。2、3年生になるとより難しい曲や振り付けに挑み、悪戦苦闘しながら必死に踊り、集中して取り組んだ。発表会の中で、参観者（保護者及び在籍校教員等）には講評をお願いし、生徒たちに励ましの言葉を頂く。保護者の中には、感激のあまり、目頭を押さえながら発言される姿もある。在籍校の教員もその取組から生徒の姿を再認識していく。

(2)「通級カフェ」（3学期）

コーヒー、紅茶、パンケーキをメニューとしたカフェ（喫茶店）の経営に全員で取り組む。教室を喫茶室と見立てて、9月から作成を始めたエプロン、バンダナを身に着け、10月に植えつけ、育てたお花を飾り、接遇マナー講座で学んだあいさつで出迎える。調理担当、注文聞き担当、メニューや招待状も前もって手作りし、2学期のダンスを編集したビデオを流す。お客として、保護者、在籍校の教員を招待する。招待状の中には日頃言えない感謝の言葉を含める。「通級カフェアンケート」を用意し、生徒たちへの励まし、カフェの評価に協力してもらう。我が子だけでなく、多くの通級生への声かけ、感想を書いてもらう。

「少し照れながらもコーヒーのおかわりの気遣いがうれしかった。」（保護者）、「一人一人の素晴らしい表情に感激した。」（巡回指導員）、「生き生きと働いている姿がとてもうれしかった。」（在籍校教員）など多くの意見、感想が寄せられた。

(3)「通級指導学級講演会」（保護者、教職員対象）

上記の学習発表会以外で、毎年、夏季休業中に保護者対象の講演会を開催している。ここでは特別支援学校の巡回指導員や都立病院の児童・思春期精神科医などの先生方を講師としてお招きし、ご講演や個別の相談など保護者の要望なども受けながら、受け身の講演会ではなく、参加者同士の話し合いや意見交換を図りながら、特別支援教育の理解を深める機会としている。

以上のようなPTAを巻き込んだ活動によって、特別支援教育の推進に向けた保護者や在籍校教職員の理解を図り、今後の取組を検討したい。

3　通常学級におけるPTA活動の充実

特別支援教育の推進に向けて大きな課題の一つは、通常学級に在籍する生徒とその保護者の理解を図ることである。通級指導学級を併設している本校においては、同じ校舎の中で週に一度だけ、通ってくる他校の生徒がいること。また、本校の生徒の中にも通級を活用している生徒がいることについても充分な理解が得られていない。

そこで、本校の各学年の4、5月の学年集会に通級指導学級の教員が参加し、通級指導学級は何のためにあるのか、またどのような学習に取り組んでいるのかなどを説明している。

また、1学期末の保護者会では、校長が「通級指導学級要覧」について説明し、第1、2学年の保護者に特別支援教育の推進に向けて、本校の通級指導学級の現状や課題を説明している。

そして、今後の取組として2学期の第1、2学年の保護者会では、通級指導学級の教員が「障害者差別解消法」に基づく「合理的配慮」や小学校で始まる「特別支援教室」の状況等の説明を行う予定である。

このような取組を通して、特別支援教育の推進に向けて、その意味を理解し、その必要性を認識し、多様な学びの場の整備と学校間の連携、共生社会を形成する必要性について確かな情報提供を図っていかなければならないと考える。

東京都府中市立府中第三中学校長　　森岡　　耕平

4 中学校②

はじめに

　東京都公立中学校ＰＴＡ協議会は、都内600校24万人の公立中学校に通う生徒たちの健全育成を願い活動している団体です。昨年度に引き続き発表の機会をいただきましたこと感謝申し上げます。昨年は共生社会の実現に向けたＰＴＡ活動ということで発表しました。本年は「共生社会の実現に向けた親の役割について」とテーマをいただき、親としての役割を考えました。発表にあたり多くの先生方や保護者の方々にご協力いただきましたこと、この場をお借りしまして感謝申し上げます。

1　親の役割〜子どもを理解する〜

　親の役割として、まずは子どもの特性を受け入れて、良き理解者となることが大切であると考えています。子どもの生きにくさや困難さを親自身が勉強し、決して熱心な無理解者となることなく、良き理解者として子どもと関わるべきです。このことは私の過去の間違った子育て経験からいえることでもあります。

　息子が中学校に上がってしばらくたった頃、担任の先生から「気を悪くしないで聞いてくださいね」と声を掛けられました。そして、子どもの学校での様子、子どもが抱えている困難さ、検査を受けたほうが良いという提案を静かな口調で告げられました。とても驚きました。努力の割には成果が出にくいなと感じていましたが、大器晩成型なのだろうと気楽に考えていたからです。一晩悩みました。翌朝、電話にて「検査を受けさせていただきます」と学校に回答しました。

　1ケ月後に検査があり、さらに1ケ月後に結果が戻ってきました。息子の場合、「言語理解」と「知覚推理」は平均より高めでした。一方で「ワーキングメモリー」と「処理速度」が平均より低く、特に「処理速度」が大

きく下回っていました。言語理解や知覚推理することはできても、それらを文字にするなどの出力面に困難さがあるようでした。思い起こせば、連絡帳をほとんど書かなかったり、字の形や筆圧が不安定でした。これら日常の様子と検査結果から、書字等の出力面の問題を抱えていることが分かりました。

　このことで、私は幼稚園や小学校での子どもの行動の背景が理解できました。小学校1、2年生までは学校からも利発で元気な子と評価をもらっていました。しかし、学年が上がるに従いどんどん学習面でのつまずきが目立ってきました。おそらくテストや作文の際に書かなければならない文字の量が増えたことが原因なのでしょうが、当時はそのことに気づけませんでした。以前はできていたのだから、やる気がなくなったに違いないと思い込んでいました。字の練習を何度もさせていました。つらかったと思います。漢字50問テストで間違った漢字を100回書かせました。でも覚えなかったのでまた100回書かせました。さらには着席姿勢が崩れやすい子どもに「姿勢が悪い」「集中しなさい」と口うるさく注意していました。後になって分かったことなのですが、着席姿勢の崩れは筋緊張の低さと平衡感覚の躓きが原因であると気づきました。困難さの背景を踏まえない自分の価値観を押し付けた子育てを思い出すと、今でも胸が痛みます。子どもの自己肯定感を下げていたのは親であったと反省しています。

　このような罪の意識も手伝い、貪欲に子どものため、発達障害について学び始めました。

　ＰＴＡや学校が提供する発達障害に関する勉強会にはほぼ全て参加しました。日本ＰＴＡ東京ブロック大会　「発達障害の理解と支援」が開催され、その後も個人として1年かけて講座を受講しました。0歳から18歳までの発達障害の児童生徒は約100万人ともいわれています。ＰＴＡとしても発達障害の理解と支援に関する啓発活動は大変重要であると考えています。

　勉強を重ねた結果、「あなたにはこんな強みがある。これは父さんもすごいと思う。ただ、こんな苦手さがあるから、良さや強みを出し切れていないかもしれないね」と子どもの気持ちに寄り添った見立てとアドバイス

図1

もできるようになりました。

子どもの特性を受け入れたことによって、親としても人としても成長したと感じています。

子どもとの仲が良くなったことも何よりもの喜びです。

身体を動かすことが有効とのWISC検査を踏まえたアドバイスや、学びの中で、感覚統合に巡り合いました。

感覚統合とは前庭感覚と固有感覚と触覚の3つの基礎感覚を整えることによって、できることを増やす療育です。親ができる発達検査であるJSI-Rがあります（**図1**）。

親もネットから取り出して質問形式の検査ができますので、子どもの発達や感覚の傾向を知るためにも、やってみるのも良いかと思います。子どもの場合は前庭覚と触覚過敏、固有覚鈍麿の傾向があることが分かり、平衡感覚の過敏性と筋緊張の低さによって姿勢維持の困難さや授業中の低覚醒・集中力の低下の問題が起きていると仮説を立てました。

前庭覚に躓きがあると体の軸の傾きが分からず姿勢の維持や運動面に困難さが生じます。眼球運動の円滑さにも不具合が生じることにより書字の困難さが現れることがあります。

触覚に躓きがあるとスキンシップの困難さや抱っこを嫌がるなどの愛着形成や人間関係を築くことに困難さが出てくる場合があります。

第5章　ＰＴＡ等の活動

　固有覚につまずきがあると力加減や筋肉の収縮・弛緩具合を感じる力が少ないため、不器用さの問題が生じやすくなります。
　それらを改善する手立てとしては感覚の入力が有効ですが、刺激の入りにくい感覚はしっかりと入力して覚醒を上げることが大切である一方、入りすぎる感覚は入力を工夫するか刺激を少なくするなどの環境調整が必要になる場合もあります。
　感覚統合によって日常生活の質を高め、子どものできることを増やす家庭での取り組みは大切で有効だと考えています。
　今日が楽しくて明日が待ち遠しくなる学校生活を子どもが送るために家庭ができることは、規則正しい生活習慣と愛着形成をベースとした心と身体の発達の部分であると考えます。この部分をしっかりと家庭で担い、育み、学校に送り出す。そうすれば学校での学習活動や行事活動もより充実したものになると確信しています。
　学校生活をより楽しく充実したものにするために、役割分担として、家庭では土台となる心と身体を育てるべきなのでしょう。
　ただし、親も頑張りすぎず、子どもにも頑張らせすぎないことが肝要です。家庭は居場所であり、子どもにとっての安全基地だからです。

2　学校の役割～「合理的配慮」～

　学校にやってもらって良かったことを紹介します。
　それは、学校での様子を良いところも悪いところも教えてくれたことです。
　入学当初から「うちの子は褒められると伸びるタイプなので、少しでも良い面があったら先生から子どもに伝えてください」とお願いしていました。このこともあり、私たち保護者にも学校での子どもの様子を良い面も悪い面も伝えていただいていました。このことが検査を受けたほうが良いという先生の提案を受け入れやすかったことの素地となっていたかもしれません。
　日頃からの担任の先生とのコミュニケーションの頻度の高さから、この

先生は本当に子どものことを思って言ってくれているという信頼関係がありました。

次に、部活に誘ってくれたことも感謝していることです。当時子どもはテニス部に所属していました。しかし、なかなか上達しないこともあって幽霊部員となっていました。筋緊張の低さ、平衡感覚、眼球運動、ボディイメージ、両側統合の未発達なども上達を困難にさせていたのかもしれません。一方で、不器用さのある子にとって陸上は走るだけ跳ぶだけとマルチタスクでなくシングルタスクであることも多く、比較的取り組みやすい部活動でした。陸上部の顧問をしていた担任の先生から入部を誘ってくれました。運動をして欲しいと願っていた私は、今でもこの働きかけに感謝しています。

板書プリントを用意してくれたことも助かりました。歴史など板書の多い科目ではノートを写すことが遅い子どものためにプリントを教科の先生が用意してくれました。

そして合理的配慮の一環だったかもしれませんが、3年間同じ担任の先生であったこともありがたいことでした。

3　自立と社会参加のために

最後に親の役割をまとめますと、①自立と社会参加の土台である身体をつくること、②子どもの強みを理解して、それを活かした生き方を一緒に考えること、③親自身が勉強して、活動連携し、模範を示すことだと考えます。

発達障害は分かりにくい障害といわれています。よって、親による子どもの障害受容なくして、子ども自身が自分の強みや弱みに向き合うことは困難かと思います。子ども自身がそれらを受け入れて、更に強みを伸ばしていくことは、子どもたちの自立と社会参加につながります。人は社会の中で自分の強みを活かして生きていくわけですから、自分の強みと弱みを知ることは大切です。自分の強みと弱みを知ることによって、自分以外の他人にも同様に強みと弱みがあることを理解できます。このような子ども

第5章　PTA等の活動

の頃からの自己理解と他者理解こそが共生社会の基盤になると考えています。

　そのためにも、まずは親が率先して、理解し連携し模範を示すことが大切なのではないでしょうか。私も昨年からこの活動に参加させていただいています。そのご縁で秋留台高校の花木先生の講演で、エンカレッジスクールという存在を知り、今では子どもが都内のエンカレッジスクール１年生として楽しく通わせていただいていますし、周りにもエンカレッジスクールのことを伝えています。理解し連携し模範をしめす活動の成果の一つといえるかもしれません。また親が楽しむことも大切です。親が楽しみながら活動している姿を見せることが、社会は温かく自分たちの未来には希望があると子どもたちに勇気を与えることができるからです。

4　共生社会の実現に向けて

　結びに、毎年このような貴重な協議会を主催いただいています全国特別支援教育推進連盟と文部科学省と国立特別支援教育総合研究所の皆さま方、ならびに本日お集まりの先生方、保護者の皆さま、関係諸機関の皆さま方に心から感謝申し上げます。

親として取り組みたいこと

- 楽しい遊びや運動を通して感覚刺激を入れて感覚統合を促し、自立と社会参加の土台である身体を作る。
- 子どもが自分の強みと弱みを把握できるように促し、他者理解に役立てる。
- 子どもの強みを活かした生き方を一緒に考える。
- 親自身が勉強し、活動・連携し、模範を示す。

⇒親の「理解」「連携」「模範」が共生社会の実現のための基盤

図2

子どもたちが、障害のあるないを超えた心通う共生社会の一員として、一人一人が尊重され輝ける社会の実現を親として、またPTAとして願ってやみません。

> ＜まとめ＞
> ◆やっておきたいこと
> ①子どもの感覚の偏りや特性を知るためにJSI-Rを受けて、敏感な感覚と鈍感な感覚が何なのか把握し、その特性を理解した関わり方をする。
> ②体を動かす楽しい遊びや運動の機会を増やす。
> ③発達が気になるようであれば、WISC-IVを受けて（5歳〜16歳11ヶ月）得意なことと不得意なことを把握する。
> ◆親としての心構え
> 「理解」：親自身の成功体験に基づく思い込みでなく、子どもの現実の姿を理解する。克服すべき課題は子どもの実力に合わせて段階分けをして、楽しみながら取り組む。
> 「連携」：一人で抱え込まないで、学校や地域と連携し、社会とつながりを持つ。
> 「模範」：親も楽しむ。親が明るく人生を楽しみながら活動している背中を子どもに見せることにより、社会は温かく自分の未来には希望があると子どもに勇気を持たせる。

（本稿は第39回全国特別支援教育振興協議会において発表した内容に加筆修正したものです。）

東京都公立中学校ＰＴＡ協議会総務理事　**西崎　伸彦**
（高校生の父親）

5 特別支援学校①
保護者と共に

1　学校概要

　山梨県立あけぼの支援学校（以下、本校という）は、昭和49年に山梨県立あけぼの医療福祉センター（以下、医療センターという）併設の県立養護学校として御勅使川扇状地にある広大な敷地に建設された。赤松林や様々な木々に囲まれた自然豊かな環境の中にあり、タヌキやキジなどの動物や鳥たちが訪れると

本校正面玄関

ても長閑な学校である。平成18年に肢体不自由を主障害とする医療センター隣接の県立特別支援学校となり、医療センター入所児生23人、通学児生54人（学区外15人を含む）、訪問教育児生3人の児童生徒数80人が本校で学んでいる。また、医療センター隣接であることから医療的ケアを必要としている児童生徒が22人在学している。

2　着実なPTA活動

　本校のPTA活動は、PTAバザー・環境整備・進路見学及び講演会・PTA新聞の発行に加え、レシート集め・手芸部の活動などを実施している。

　通学形態が通学児生と医療センター入所児生、学区外児生、訪問教育児生と多様であることから居住地域が全県に及んでいるので、

PTAバザー

行事の参加やPTA役員選出などについて、PTA活動の運営は困難な一面を持っている。しかし、保護者が協力的であり、一体となりPTA活動を着実に実施していることを誇らしく思っている。

3　方向性の共有

　ＰＴＡ活動と学校運営の共通点は、児童生徒と保護者が願う姿への成長と、学校が願う児童生徒のめざす姿への成長のために努力するところだと思っている。

　その願いや目的を達成するために、保護者と学校がめざすべき方向性を共有することが重要と考え、その方向性を保護者と教職員で共

あけぼの支援学校がめざす方向性

有できるように努力している。特に共有しなければならないのは「１年間で達成できる具体的な目標」の設定であり、児童生徒・保護者と学校が共有することに力を注いでいる。共有するためのツールは「個別の教育支援計画」「個別の指導計画」「指導計画冊子」「成績表」を位置づけている。

　また、日々校長が何を見て何を考えているのかを保護者や教職員等に伝えるため、校長ブログを学校ホームページに公開しできる限り発信している。合わせて、終業式等で校長目線の学習成果ビデオを児童生徒と保護者に紹介している。

4　本校のＰＴＡ活動

（１）レシート集め

　本校は某企業の社会貢献活動の一つであるレシート還元キャンペーンに参加している。参加を決めたきっかけは、平成26年度関東甲越地区肢体不自由特別支援学校ＰＴＡ連合会栃木大会において、レシート集めの活動報告があり、当時のＰＴＡ会長が本校でも取り組める活動だと判断し、９月の理事会に提案し、

レシートの投函箱

決定後直ぐに参加登録した。平成27年度4月に還元される品物について様々な意見が出された。一部の児童生徒だけに還元される物ではなく全ての児童生徒に還元できる物が良いといった意見や、管理職や事務長に県費で購入できない物や不足していない物はないか等である。保護者の主体的な活動が一つ増えたことを確認できた場面であった。

（2）手芸部の活動

平成27年5月に一人の保護者が校長室を訪れた。保護者は笑顔で「手芸のサークルを始めたいのですが」と要望を伝えてきた。年度末のPTA理事会の申し送り事項ではなく、その年度のPTA総会も終わっていた。

どうして手芸のサークルを始めたいのか尋ねると「保護者がいきいきと創作活動を楽し

手芸部の作品

み、その喜びが子どもを笑顔にし、周りも笑顔になれることをめざしたいんです。」と答えが返ってきた。年度途中の要望だがPTA会長と相談の結果、趣旨に共感できるのでPTA理事にはPTA会長が連絡をして理事の了解を得て、PTA会長と連名で通知を出すことにした。校内では渉外係が活動場所と活動時間について家庭科の教員と調整を図り実現した。平成27年度は5回の活動回数であったが、保護者同士で情報交換できる場となったのが最大の成果であったと思う。平成28年度も第1回が7月に活動を始める。今年度も活動しながら子どもや家庭のことなどをお互いに話し親睦を深めることだろう。

（3）学部の懇親会

各学部の保護者が毎年6月に昼食会を計画している。昼食会はそれぞれ校外で下校時間のお迎えに間に合うように開かれている。昼食会で家庭の悩みや児童生徒の成長、それと学校の話など盛りだくさんの話題が出され盛り上がるようだ。この昼食会は、悩みが解消されたりホッとしたりすることができる会であるようだ。また、そのとき話題になった学校の課題や要望については担任や教頭を通して、または直接校長室を訪問して話していただいている。

（4）団結するとき

　平成31年度関東甲越地区肢体不自由学校ＰＴＡ連合会山梨大会（以下、関肢Ｐ山梨大会という）の主幹校として本校が決定している。ＰＴＡ理事会ではたびたびこのことについて話題に上がっている。具体的な方針が決定されていくわけではないが、平成31年度には卒業されている保護者の方々も自分たちがそのときの実施運営者のように会場のこと、運営費のこと、事前視察のこと、平成22年度の関肢Ｐ山梨大会のことなどをいきいきと発言していた。開催年度のＰＴＡ会長や実行委員会のメンバーについては特にＰＴＡ会長の任期は3年間とし継続できる方を選出するという意見が出された。また、開催年度は4年後ではあるが視察を兼ねて平成28年度の関肢Ｐ埼玉大会に多くの保護者が参加することが決定した。本県3校のＰＴＡが協力し開催する大会であるが、本校が中心となり団結して成功させる意気込みを感じた。主幹校として大会を運営しようとする主体的な取り組みが保護者を輝かせるものだと確信する会であった。また、開催後のＰＴＡのさらなる活性化につながる活動にしていくために、保護者の要望や意見が実現できるように支援と協力をしていくことを覚悟した。

（5）スクールバス緊急対応

　本校は2台のスクールバスを運行し、運転手と添乗員の2名が児童生徒の健康と安全を管理している。スクールバス運行中に児童生徒の体調の変化があり緊急対応しなければならなくなった場合に、緊急時対応マニュアルに沿って運転手と添乗員が対応し、教員も緊急場所に至急向かい対応することになってい

スクールバス

る。しかし、準備しておいた緊急時対応マニュアルどおりに対応できないことがあった。緊急車両の到着に教員が間に合わなかったのである。添乗員が緊急車両に乗り込むとスクールバスに乗車している他の児童生徒の安全確保が難しくなるので、学校の教職員の到着を待つのか判断に苦慮していた。そのとき居合わせた保護者が緊急車両に同乗することを申し出てくださり、添乗員が残ることでスクールバスの安全が確保された。まさに、

第5章　ＰＴＡ等の活動

保護者との連携により児童生徒の安全が確保できた場面であった。その後、緊急事対応マニュアルの改訂を実施した。また、スクールバス保護者会を設立し、保護者を会長として安全なスクールバス運行を実施している。

（6）ＰＴＡ役員選出

　ＰＴＡ役員の選出は難航する場合が多いのではないかと思う。本校も例に漏れず難航するときがある。本校の場合は入学年度により入学児童生徒の人数にばらつきがあり、学年毎にＰＴＡ役員を選出すると毎年度役員にならなければならない保護者がいるためその保護者の負担はとても大きなものになってしまう。負担を解消するためにＰＴＡ理事会では、ＰＴＡ役員数とＰＴＡ役員については小学部では6年間に2回、中高等部においては3年間で1回ＰＴＡ役員を引き受ける規定に改正した。この規定は運用し始めたばかりであるので意見や要望はないが、課題点がだされてもこれまでどおり保護者間の意見調整により解決していくだろうと期待している。

5　保護者と共に

　一人の保護者が「保護者がいきいきと創作活動を楽しみ、その喜びが子どもを笑顔にし、周りも笑顔になれることをめざしたいんです。」と訴えた出来事が印象的だった。保護者の喜びが児童生徒を笑顔にして、児童生徒の笑顔が保護者を笑顔にすることを再確認させられたことばだった。

本校を見守っている
モクレンと桜

　学校は児童生徒を笑顔にしたいと願っている。そのために学校は保護者と共に児童生徒の成長を願い共に支援していきたい。

山梨県立あけぼの支援学校長　雨宮　貴雄

6 特別支援学校②
共生社会の実現に向けた親の役割

1 鹿本学園について

鹿本学園は、平成26年4月に旧江戸川特別支援学校と旧小岩特別支援学校を合わせて肢知併置型の学園として開校しました。部門を超えて同年齢の児童・生徒の関わりを実現している、2部門5学部で構成する学園です（図1）。入学式や卒業式、始業式、終業式などは両

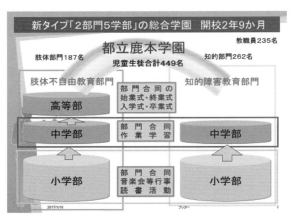

図1　鹿本学園の構成

部門合同で学部別に行われており、保護者も両部門の同学年の子どもたちの成長を折に触れ見守る事ができます。併置を強みとし、魅力的な併置校づくりをしているのが特徴です。

肢体不自由部門187名、知的障害教育部門262名、在籍児童生徒合計449名、教職員数235名という大規模な特別支援学校です（平成28年度）。

鹿本学園は2部門5学部と大きな学園ですので、学園に一体感をもたせるために、様々な取り組みが進められています。その中の一つとして、学園には学園名にちなんだシカちゃん・モトちゃんというマ

図2　学園のマスコット

スコットがいます（**図2**）。学校やPTAの大きなイベントに登場し、子どもたちを喜ばせています。

2　PTA活動について

学校経営の中で、併置を強みとして魅力ある併置校づくりを進めている鹿本学園ですので、PTAも併置を活かしていこうと、部門の境なく一緒に活動しています。学校とも綿密に連携しています（**図3**）。

組織を一体化し、年間通して一緒に活動している様子をご紹介します。

図3　「PTAってどんなところ？」

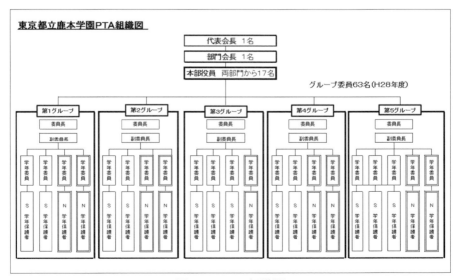

図4　PTA組織図

前ページの図4は鹿本学園PTAの組織図です。代表会長1名、部門会長1名を含め、本部役員は両部門から17名。本部役員とともに校内活動を支えてくれるグループは5グループあり、その中で活動するグループ委員は平成28年度は63名です。グループ委員の人数が多いので、子どもの体調が悪かったり、仕事で忙しい時期があったりしても助け合いながら活動することができています。

　本部もグループも、両部門の保護者で構成されており、共に活動する組織となっています。

　PTAでは、年間通して様々な活動を行っています（図5）。その目的は、やはり子どもたちのためです。

　障害があって、なかなか外でチャレンジできない、外出できる場所が限られてしまうという事があるため、みんながのびのびといろいろなことにチャレンジして欲しいとの思いで行っています。鹿本学園にはさまざまな障害の特性を持ったお子さん達が通っています。障害の重いお子さんや医療的ケアの必要なお子さん。「準ずる課程」で学ぶお子さんや支援学級から進学してきたお子さん。さまざまな個性を持つ子どもたちにとって居心地のよい活動にするにはどうしたらよいのでしょうか。

　それはやはり、小さな思いやりの積み重ねを丁寧にしていくことではないでしょうか。

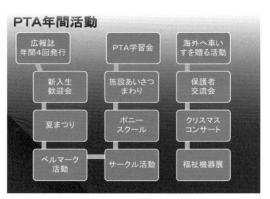

図5　PTA年間活動

図6　バザーでの工夫

鹿本学園ＰＴＡ夏祭りで販売する焼きそばは、肢体部門のお子さんでも食べやすいように、キャベツは１cm角に刻んで、麺も適度に短くカットしてあります。ＰＴＡバザーで販売するチョコバナナもそうです。また、チョコバナナは今年から教室でゆっくり食べたいという皆さんの要望に応えて、ふた付きの容器に変更しました（**図6**）。それから、じっと長い時間座っていることが苦手な知的障害教育部門のお子さんのために、コンサートなどのイベントでも、奏者の方のご理解をいただき、出入りは全て自由です。どのお子さんも自分のペースで参加できるよう、毎年小さな改善を積み重ねています。

保護者同士も親睦の輪を広げています（**図7**）。保護者交流会では両部門の保護者が混合チームで綱引きをし、そのあとは茶話会をし、子育ての話や地域の買い物情報などで盛り上がりました。とても良い相互理解の場となっています。大切なのは、お互いに分かち合うこと。障害のある子どもの子育ては、とかく苦労がつきものです。子どもが生まれてからこれまで、立派に育てるのは大変なことです。みんなそれぞれに大変で、いろいろな思いを持ちながら子育てをしています。それをお互いに思い合える仲間でいたいと思います。

図7　保護者交流会

保護者サークルも両部門一緒に活動しています（**図8**）。和太鼓サークル「江戸っ鼓」とフラダンスサークル「ホアロハ」やお父さんの会「ダディーズ」があり、ＰＴＡ行事の時に出演や出店などの形でＰＴＡへ大きく協力をしていただいています。

図8　保護者サークル

3　交流及び共同学習について

12月には恒例のクリスマスコンサートがPTA主催で開催されますが、毎年都立葛飾総合高校吹奏楽部の皆さんが、約100人という大所帯で演奏に来てくださいます（図9）。

鹿本学園の子どもたちは音楽が大好きな子が多いですが、本格的な演奏を聴く機会にはなかなか恵まれません。都立葛飾総合高校吹奏楽部の皆さんは、大好きな音楽を聴いて嬉しくなると声を出したり、体を動かしたり、手をたたいたりと彼ら・彼女らなりの表現で楽しむ鹿本学園の子どもたちをよく理解してくださり、「自由に音楽を聴いて楽しんでください」と言ってくださいます。

図9　クリスマスコンサート

図10　地域交流校との学習

周りの方の温かいご理解により、子どもたちの世界が広がっています。

鹿本学園では地域の学校5校と交流学習を行っています。図10はデカパン・リレーをしたり、一緒に作品を作っている様子です。PTA本部ではその交流校のお祭りにお揃いのTシャツを着て出店し、地域の方へ鹿本学園をアピールしています。また交流校PTAの方々も、年に1校ずつ順番に鹿本学園PTAバザーに出店してくださり、子どもたちとふれう絶好の機会となっています。印象的だったのは、交流している地域の学校の保護者の方が、「自分も小学生のときに旧母体校の児童と交流した経験があり、その経験がとても良かったので、自分の子どももそのような経験ができて嬉しい」とおっしゃっていた事です。十数年続く地道な交流が、皆が暮ら

第5章　ＰＴＡ等の活動

しやすい地域づくりへとつながっているとの思いを強くしました。

東京都には、居住地の小・中学校との交流学習を行う副籍交流制度というものがあります。わが子は中学1年生ですが、小学2年生から副籍交流を行っています。

図11は、2学期にキックベースボールを行ったときの様子です。

図11　副籍交流

キックベースボールをする前に、わが子がキックベースボールのルールを十分理解するのが難しいことを話しました。すると、わが子がボールを蹴ったあとに走る方向が分からないと、交流先の生徒さんが一緒に走ってくれたり、ゆっくり丁寧に説明したりしてくれました。共に地域で暮らす仲間として、とても良い交流ができていて、言葉でのコミュニケーションがなかなか難しい息子ですが、街で会ったら生徒さんが声をかけてくれるので笑顔で喜んでいます。ここでも、みんなそれぞれの場所でがんばっているという、共に分かち合う気持ちが大切なのではないでしょうか。

4　共生社会の実現に向けた親の役割について

共生社会の実現に向けて親ができることはなにか。親としてはやはり、障害があることで生きずらさを抱えている子どもたちに、この社会の中で彼ら・彼女らしく安心して生きていける居場所を作ってあげたいと強く願うのです。親一人ではなかなか行動に移せないことでも、学齢期は学校やＰＴＡを通して、保護者が共に協力しながら活動することができます。障害のある子どもたちへの理解を深めて欲しいとの思いで、子どもたちの良さを一番わかっている私たち親が協力し合い、地域の皆さんと繋がり、子どもたちを見守る輪を大きく広げていきたいと考えています。

また、周りへと活動を進めて行ったとき、私たちの子どもと同じように一般のお子さん方も様々な困難を乗り越えながら精一杯生きていることに

改めて気づきます。どの子もそれぞれの場所でがんばっている。障害があるなしの垣根を越えて、地域の中ですべての子どもを見守り育んでいこうという大人同士の大きな連帯が必要なのではないかと痛切に感じます。

東京都立鹿本学園ＰＴＡ代表会長　**慶田城　さより**

参考資料

> 資料1

学校教育法

（昭和22年3月31日法律第26号）〔関係主要部分一部抜粋〕

第2章　義務養育
第17条　保護者は、子の満6歳に達した日の翌日以後における最初の学年の初めから、満12歳に達した日の属する学年の終わりまで、これを小学校又は特別支援学校の小学部に就学させる義務を負う。ただし、子が、満12歳に達した日の属する学年の終わりまで二小学校又は特別支援学校の小学部の課程を修了しないときは、満15歳に達した日の属する学年の終わり（それまでの間において当該課程を修了したときは、その修了した日の属する学年の終わり）までとする。

② 　保護者は、子が小学校又は特別支援学校の小学部の課程を修了した日の翌日以後における最初の学年の初めから、満15歳に達した日の属する学年の終わりまで、これを中学校、中東教育学校の前期課程又は特別支援学校の中学部に就学させる義務を負う。

③ 　前2項の義務の履行の督促その他これらの義務の履行に関し必要な事項は、政令で定める。

第8章　特別支援教育
第72条　特別支援学校は、視覚障害者、聴覚障害者、知的障害者、肢体不自由者又は病弱者（身体虚弱者を含む。以下同じ。）に対して、幼稚園、小学校、中学校又は高等学校に準ずる教育を施すとともに、障害による学習上又は生活上の困難を克服し自立を図るために必要な知識技能を授けることを目的とする。

第74条　特別支援学校においては、第72条に規定する目的を実現するための教育を行うほか、幼稚園、小学校、中学校、高等学校又は中等教育学校の要請に応じて、第81条第1項に規定する幼児、児童又は生徒の教育に関し必要な助言又は援助を行うよう努めるものとする。

第75条　第72条に規定する視覚障害者、聴覚障害者、知的障害者、肢体不自由者又は病弱者の障害の程度は、政令で定める。

第76条　特別支援学校には、小学部及び中学部を置かなければならない。ただし、特別の必要のある場合においては、そのいずれかのみを置くことができる。

② 　特別支援学校には、小学部及び中学部のほか、幼稚部又は高等部を置くことができ、また、特別の必要のある場合においては、前項の規定にかかわらず、小学部及び中学部を置かないで幼稚部又は高等部のみを置くことができる。

第77条　特別支援学校の幼稚部の教育課程その他の保育内容、小学部及び中学部

の教育課程又は高等部の学科及び教育課程に関する事項は、幼稚園、小学校、中学校又は高等学校に準じて、文部科学大臣が定める。
第80条　都道府県は、その区域内にある学齢児童及び学齢生徒のうち、視覚障害者、聴覚障害者、知的障害者、肢体不自由者又は病弱者で、その障害が第75条の政令で定める程度のものを就学させるに必要な特別支援学校を設置しなければならない。
第81条　幼稚園、小学校、中学校、高等学校及び中等教育学校においては、次項各号のいずれかに該当する幼児、児童及び生徒その他教育上特別の支援を必要とする幼児、児童及び生徒に対し、文部科学大臣の定めるところにより、障害による学習上又は生活上の困難を克服するための教育を行うものとする。
②　小学校、中学校、高等学校及び中等教育学校には、次の各号のいずれかに該当する児童及び生徒のために、特別支援学級を置くことができる。
　1　知的障害者
　2　肢体不自由者
　3　身体虚弱者
　4　弱視者
　5　難聴者
　6　その他障害のある者で、特別支援学級において教育を行うことが適当なもの
③　前項に規定する学校においては、疾病により療養中の児童及び生徒に対して、特別支援学級を設け、又は教員を派遣して、教育を行うことができる。

資料2　　　　　　　　学校教育法施行令

（昭和28年10月31日政令第340号）〔関係主要部分一部抜粋〕

第5条　市町村の教育委員会は、就学予定者（法第17条第1項又は第2項の規定により、翌学年の初めから小学校、中学校、中等教育学校又は特別支援学校に就学させるべき者をいう。以下同じ。）のうち、認定特別支援学校就学者（視覚障害者、聴覚障害者、知的障害者、肢体不自由者又は病弱者（身体虚弱者を含む。）で、その障害が、第22条の3の表に規定する程度のもの（以下「視覚障害者等」という。）のうち、当該市町村の教育委員会が、その者の障害の状態、その者の教育上必要な支援の内容、地域における教育の体制の整備の状況その他の事情を勘案して、その住所の存する都道府県の設置する特別支援学校に就学させることが適当であると認める者をいう。以下同じ。）以外の者については、その保護者に対し、翌学年の初めから二月前までに、小学校又は中学校の入学期日を通知しなければならない。

2　市町村教育委員会は、当該市町村の設置する小学校又は中学校（法第71条の規定により高等学校の教育と一貫した教育を施すもの（以下「併設型中学校」という。）を除く。以下この項、次条第7号、第6条の3第1項、第7条及び第8条において同じ。）が二校以上ある場合においては、前項の通知において当該就学予定者の就学すべき小学校又は中学校を指定しなければならない。

3　前二項の規定は、第9条第1項又は第17条の届出のあった就学予定者については、適用しない。

第22条の3　法第75条の政令で定める視覚障害者、聴覚障害者、知的障害者、肢体不自由者又は病弱者の障害の程度は、次の表に掲げるとおりとする。

区　分	障害の程度
視覚障害者	両眼の視力がおおむね0.3未満のもの又は視力以外の視機能障害が高度のもののうち、拡大鏡等の使用によっても通常の文字、図形等の視覚による認識が不可能又は著しく困難な程度のもの
聴覚障害者	両耳の聴力レベルがおおむね60デシベル以上のもののうち、補聴器等の使用によっても通常の話声を解することが不可能又は著しく困難な程度のもの
知的障害者	1　知的発達の遅滞があり、他人との意思疎通が困難で日常生活を営むのに頻繁に援助を必要とする程度のもの 2　知的発達の遅滞の程度が前号に掲げる程度に達しないもののうち、社会生活への適応が著しく困難なもの
肢体不自由者	1　肢体不自由の状態が補装具の使用によっても歩行、筆記等日常生活における基本的な動作が不可能又は困難な程度のもの 2　肢体不自由の状態が前号に掲げる程度に達しないもののうち、常時の医学的観察指導を必要とする程度のもの
病弱者	1　慢性の呼吸器疾患、腎臓疾患及び神経疾患、悪性新生物その他の疾患の状態が継続して医療又は生活規制を必要とする程度のもの 2　身体虚弱の状態が継続して生活規制を必要とする程度のもの

学校教育法施行規則

（昭和22年5月23日文部省令第11号）〔関係主要部分一部抜粋〕

第126条　特別支援学校の小学部の教育課程は、国語、社会算数、理科、生活、音楽、図画工作、家庭及び体育の各教科、道徳、外国語活動、総合的な学習の時間、特別活動並びに自立活動によって編成するものとする。

2　前項の規定にかかわらず、知的障害者である児童を教育する場合は、生活、国語、算数、音楽、図画工作、及び体育の各教科、道徳、総合的な学習の時間、特別活動並びに自立活動のよって編成するものとする。

第127条　特別支援学校の中学部の教育課程は、国語、社会、数学、理科、音楽、美術、保健体育、技術・家庭、及び外国語の各教科、道徳、総合的な学習の時間、特別活動並びに自立活動によって編成するものとする。

2　前項の規定にかかわらず、知的障害者である生徒を教育する場合は、国語、社会、数学、理科、音楽、美術、保健体育及び職業・家庭の各教科、道徳、総合的な学習の時間、特別活動並びに自立活動によって教育課程を編成するものとする。ただし、必要がある場合には、外国語科を加えて教育課程を編成することができる。

第128条　特別支援学校の高等部の教育課程は、別表第三及び別表第五に定める各教科に属する科目、総合的な学習の時間、特別活動並びに自立活動によって編成するものとする。

2　前項の規定にかかわらず、知的障害者である生徒を教育する場合は、国語、数学、理科、音楽、美術、保健体育、職業、家庭、外国語、情報、火星、農業、工業、流通・サービス及び福祉の各教科及び第129条に規定する特別支援学校高等部学習指導要領で定めるこれら以外の教科、道徳、総合的な学習の時間、特別活動並びに自立活動によって編成するものとする。

第129条　特別支援学校の幼稚部の教育課程その他の保育内容並びに商学部、中学部及び高等部の教育課程については、この章に定めるもののほか、教育課程その他保育内容又は教育課程の基準として文部科学大臣が別に公示する特別支援学校幼稚部教育要領、特別支援学校小学部・中学部学習指導要領及び特別支援学校高等部学習指導要領によるものとする。

第130条　特別支援学校の小学部、中学部又は高等部においては、特に必要がある場合は、第126条から第128条までに規定する各教科（次項において「各教科」という。）又は別表第3及び別表第5に定める各教科に属する科目の全部又は

一部について、合わせて授業を行うことができる。
2　特別支援学校の小学部、中学部又は高等部においては、知的障害者である児童若しくは生徒又は複数の種類の障害を併せ有する児童若しくは生徒を教育する場合において特に必要があるときは、各教科、道徳、外国語活動、特別活動及び自立活動の全部又は一部について、合わせて授業を行うことができる。

第138条　小学校若しくは中学校又は中等教育学校の前期課程における特別支援学級に係る教育課程については、特に必要がある場合は、第50条第１項、第51条及び第52条の規定並びに第72条から第74条までの規定にかかわらず、特別の教育課程によることができる。

第140条　小学校若しくは中学校又は中等教育学校の前期課程において、次の各号のいずれかに該当する児童又は生徒（特別支援学級の児童及び生徒を除く。）のうち当該障害に応じた特別の指導を行う必要があるものを教育する場合には、文部科学大臣が別に定めるところにより、第50条第１項、第51条及び第52条の規定並びに第72条から第74条までの規定にかかわらず、特別の教育課程によることができる。
1　言語障害者
2　自閉症者
3　情緒障害者
4　弱視者
5　難聴者
6　学習障害者
7　注意欠陥多動性障害者
8　その他障害のある者で、この条の規定により特別の教育課程による教育を行うことが適当なもの

第141条　前条の規定により特別の教育課程による場合においては、校長は、児童又は生徒が、当該小学校、中学校又は中等教育学校の設置者の定めるところにより他の小学校、中学校、中等教育学校の前期課程又は特別支援学校の小学部若しくは中学部において受けた授業を、当該小学校若しくは中学校又は中等教育学校の前期課程において受けた当該特別の教育課程に係る授業とみなすことができる。

障害者基本法

(昭和45年5月21日法律第84号)〔関係主要部分一部抜粋〕

第2章　障害者の自立及び社会参加の支援等のための基本的施策

（教育）

第16条　国及び地方公共団体は、障害者が、その年齢及び能力に応じ、かつ、その特性を踏まえた十分な教育が受けられるようにするため、可能な限り障害者である児童及び生徒が障害者でない児童及び生徒と共に教育を受けられるよう配慮しつつ、教育の内容及び方法の改善及び充実を図る等必要な施策を講じなければならない。

2　国及び地方公共団体は、前項の目的を達成するため、障害者である児童及び生徒並びにその保護者に対し十分な情報の提供を行うとともに、可能な限りその意向を尊重しなければならない。

3　国及び地方公共団体は、障害者である児童及び生徒と障害者でない児童及び生徒との交流及び共同学習を積極的に進めることによって、その相互理解を促進しなければならない。

4　国及び地方公共団体は、障害者の教育に関し、調査及び研究並びに人材の確保及び資質の向上、適切な教材等の提供、学校施設の整備その他の環境の整備を促進しなければならない。

資料5　　　　　　　**発達障害者支援法**

（平成16年12月10日法律第167号）〔主要部分一部抜粋〕

第1章　総則

（目的）

第1条　この法律は、発達障害者の心理機能の適正な発達及び円滑な社会生活の促進のために発達障害の症状の発現後できるだけ早期に発達支援を行うことが特に重要であることにかんがみ、発達障害を早期に発見し、発達支援を行うことに関する国及び地方公共団体の責務を明らかにするとともに、学校教育における発達障害者への支援、発達障害者の就労の支援、発達障害者支援センターの指定等について定めることにより、発達障害者の自立及び社会参加に資するようその生活全般にわたる支援を図り、もってその福祉の増進に寄与することを目的とする。

（定義）

第2条　この法律において「発達障害」とは、自閉症、アスペルガー症候群その他の広汎性発達障害、学習障害、注意欠陥多動性障害その他これに類する脳機能の障害であってその症状が通常低年齢において発現するものとして政令で定めるものをいう。

2　この法律において「発達障害者」とは、発達障害を有するために日常生活又は社会生活に制限を受ける者をいい、「発達障害児」とは、発達障害者のうち18歳未満のものをいう。

3　この法律において「発達支援」とは、発達障害者に対し、その心理機能の適正な発達を支援し、及び円滑な社会生活を促進するため行う発達障害の特性に対応した医療的、福祉的及び教育的援助をいう。

資料6 障害者の権利に関する条約（抄）

〔関係主要部分一部抜粋〕

第24条　教育
1　締約国は、教育についての障害者の権利を認める。締約国は、この権利を差別なしに、かつ、機会の均等を基礎として実現するため、次のことを目的とするあらゆる段階における障害者を包容する教育制度及び生涯学習を確保する。
　(a)　人間の潜在能力並びに尊厳及び自己の価値についての意識を十分に発達させ、並びに人権、基本的自由及び人間の多様性の尊重を強化すること。
　(b)　障害者が、その人格、才能及び創造力並びに精神的及び身体的な能力をその可能な最大限度まで発達させること。
　(c)　障害者が自由な社会に効果的に参加することを可能とすること。
2　締約国は、1の権利の実現に当たり、次のことを確保する。
　(a)　障害者が障害を理由として教育制度一般から排除されないこと及び障害のある児童が障害を理由として無償のかつ義務的な初等教育から又は中等教育から排除されないこと。
　(b)　障害者が、他の者と平等に、自己の生活する地域社会において、包容され、質が高く、かつ、無償の初等教育の機会及び中等教育の機会を与えられること。
　(c)　個人に必要とされる合理的配慮が提供されること。
　(d)　障害者が、その効果的な教育を容易にするために必要な支援を教育制度一般の下で受けること。
　(e)　学問的及び社会的な発達を最大にする環境において、完全な包容という目標に合致する効果的で個別化された支援措置がとられることを確保すること。
3　締約国は、障害者が地域社会の構成員として教育に完全かつ平等に参加することを容易にするため、障害者が生活する上での技能及び社会的な発達のための技能を習得することを可能とする。このため、締約国は、次のことを含む適当な措置をとる。
　(a)　点字、代替的な文字、意思疎通の補助的及び代替的な形態、手段及び様式並びに適応及び移動のための技能の習得並びに障害者相互による支援及び助言を容易にすること。
　(b)　手話の習得及び聴覚障害者の社会の言語的な同一性の促進を容易にすること。

(c) 視覚障害若しくは聴覚障害又はこれらの重複障害のある者(特に児童)の教育が、その個人にとって最も適当な言語並びに意思疎通の形態及び手段で、かつ、学問的及び社会的な発達を最大にする環境において行われることを確保すること。

4 締約国は、1の権利の実現の確保を助長することを目的として、手話又は点字について能力を有する教員(障害のある教員を含む。)を雇用し、並びに教育のすべての段階に従事する専門家及び職員に対する研修を行うための適当な措置をとる。この研修には、障害についての意識の向上を組み入れ、また、適当な意思疎通の補助的及び代替的な形態、手段及び様式の使用並びに障害者を支援するための教育技法及び教材の使用を組み入れるものとする。

5 締約国は、障害者が、差別なしに、かつ、他の者と平等に高等教育一般、職業訓練、成人教育及び生涯学習の機会を与えられることを確保する。このため、締約国は、合理的配慮が障害者に提供されることを確保する。

資料7 発達障害を含む障害のある幼児児童生徒に対する
教育支援体制整備ガイドライン
～発達障害等の可能性の段階から、教育的ニーズに気付き、支え、つなぐために～

(平成29年3月　文部科学省)〔関係主要部分一部抜粋〕

第3部　学校用

○**校長の責務**

　校長(園長を含む。以下同じ。)は、特別支援教育実施の責任者として、自らが特別支援教育や障害に関する認識を深めるとともに、リーダーシップを発揮しつつ、次に述べる体制の整備等を行い、組織として十分に機能するよう教職員を指導することが重要である。

　また、校長は、特別支援教育に関する学校経営が特別な支援を必要とする幼児児童生徒の将来に大きな影響を及ぼすことを深く自覚し、常に認識を新たにして取り組んでいくことが重要である。

○**特別支援教育を行うための体制の整備及び必要な取組**
(1) 特別支援教育に関する校内委員会の設置
(2) 実態把握
(3) 特別支援教育コーディネーターの指名
(4) 関係機関との連携を図った「個別の教育支援計画」の策定と活用
(5) 「個別の指導計画」の作成
(6) 教員の専門性の向上

○**特別支援学校における取組**
(1) 特別支援教育のさらなる推進
(2) 地域における特別支援教育のセンター的機能
(3) 特別支援学校教員の専門性の向上

○**保護者からの相談への対応や早期からの連携**

○**厚生労働省関係機関等との連携**

※特別支援教育の推進について(平成19年文部科学省通知)より

＜チームとしての学校全体で行う特別な支援＞
　平成27年12月21日に中央教育審議会が取りまとめた「チームとしての学校の在り方と今後の改善方策について（答申）」によると、今後の学校は、
①個々の教員が個別に教育活動に取り組むのではなく、学校のマネジメントを強化し、組織として教育活動に取り組む体制を創り上げること。
②生徒指導や特別支援教育等の充実を図るため、学校や教員が、心理や福祉等の専門家や専門機関と連携・分担する体制を整備・強化すること。
が求められており、「チームとしての学校」の体制を整備することで、教育活動を充実していくことが期待されています。
　特別支援教育は、かねてから教育上特別の支援を必要とする児童等に対して、学校全体で行う支援体制の構築を目指しており、今後、「チームとしての学校」の体制を整備するに当たっても、特別支援教育の視点を効果的に生かした学校経営が求められています。

○校長（園長を含む）用
1．特別支援教育を柱とした学校経営

> 校長（園長を含む。以下同じ。）は、特別支援教育実施の責任者として、自らが特別支援教育や障害に関する認識を深めるとともに、リーダーシップを発揮しつつ、学校経営の柱の一つとして、特別支援教育の充実に向けた学校内での教育支援体制の整備を推進します。

(1)　校長のリーダーシップと学校経営
　特別支援教育の全校的な教育支援体制を確立するためには、校長がリーダーシップを発揮し、校長自身が特別支援教育に関する理解を深めていく必要があります。
　そのため、教育委員会等が実施する特別支援教育に関する研修に積極的に参加したり、校長会等での情報交換を活発に行ったりすることによって、特別支援教育に関する最新の情報を得るなど、常に認識を新たにしていく必要があります。
　特別支援教育に学校組織全体として取り組むためには、校長が作成する学校経営計画（学校経営方針）の柱の一つとして、特別支援教育の充実に向けた基本的な考え方や方針を示すことが必要です。
　学校経営上、校長が念頭におくべき事項として、次のような内容が考えられます。
　　○特別支援教育を学校全体として行うために必要な体制の構築（組織対応）
　　○特別支援教育に関する教員の専門性の向上（資質向上）

- 特別支援教育についての児童等、保護者及び地域への理解啓発（理解推進）
- 特別支援教育に関する外部の専門機関等との連携の推進（外部連携）

(2) 学校内での教育支援体制の構築・運営

　学校内での教育支援体制を確立するために、校長は次のような体制を構築し、効果的な運営に努めます。
- 校内委員会を設置して、児童等の実態把握を行い、学校全体で支援する体制を整備する。
- 特別支援教育コーディネーターを指名し、校務分掌に明確に位置付ける。
- 個別の教育支援計画及び個別の指導計画の作成に努め、管理する。
- 全ての教職員に対して、特別支援教育に関する校内研修を実施したり、校外での研修に参加させたりすることにより、専門性の向上に努める。通級担当教員、特別支援学級担任については、特別支援学校教諭免許状を未取得の教員に対して取得を促進するなど育成を図りつつ、特別支援教育に関する専門的な知識を特に有する教員を充てるよう努める。
- 教員以外の専門スタッフの活用を行い、学校全体としての専門性を確保する。
- 児童等に対する合理的配慮の提供について、合意形成に向けた本人・保護者との建設的対話を丁寧に行い、組織的に対応するための校内体制を整備する。

(3) 学校内での教育支援体制についての児童等・保護者や地域への周知

　特別支援教育を推進するために、特別支援教育の対象となる児童等や保護者、周囲の児童等や保護者に対しても、特別支援教育についての正しい理解及び学校内での教育支援体制を広めていくことが重要です。

　例えば、次のようなあらゆる機会をとらえて理解の推進を図る必要があります。
- 学校経営計画（学校経営方針）のホームページへの掲載等。
- 児童等向けには、儀式的行事での挨拶、全校朝会での講話等。
- 保護者向けには、学校だよりやＰＴＡ総会、研修会等での挨拶等。
- 地域向けには、学校評議員・学校運営協議会・学校関係者評価委員会への教育方針や教育状況の説明等。

２．校内委員会の設置と運営

> 　校長のリーダーシップの下、全校的な教育支援体制を確立し、教育上特別の支援を必要とする児童等の実態把握や支援内容の検討等を行うため、特別支援教育に関する委員会（校内委員会）を設置します。

(1) 校内委員会の役割の明確化と支援までの手順の確認

校内委員会は、下記の役割を担います。
- 児童等の障害による学習上又は生活上の困難の状態及び教育的ニーズの把握。
- 教育上特別の支援を必要とする児童等に対する支援内容の検討。
（個別の教育支援計画等の作成・活用及び合理的配慮の提供を含む。）
- 教育上特別の支援を必要とする児童等の状態や支援内容の評価。
- 障害による困難やそれに対する支援内容に関する判断[6]を、専門家チームに求めるかどうかの検討。
- 特別支援教育に関する校内研修計画の企画・立案。
- 教育上特別の支援を必要とする児童等を早期に発見するための仕組み[7]作り。
- 必要に応じて、教育上特別の支援を必要とする児童等の具体的な支援内容を検討するためのケース会議を開催。
- その他、特別支援教育の体制整備に必要な役割。

校長は、校内委員会を設置し、開催に当たっての手順（定期的に開催する、特別支援教育コーディネーターが必要と判断した場合に開催する等）を明確にした上で、全校的な教育支援体制を確立することが重要です。

(2) 校内委員会の組織及び構成

校内委員会を設置するに当たっては、独立した委員会として新規に設置したり、既存の学校内組織（生徒指導部会等）に校内委員会の機能を持たせるなどの方法があります。それぞれ利点があり、各学校の実情を踏まえて設置することが大切です。

また、校内委員会の構成員としては、例えば、管理職、特別支援教育コーディネーター、主幹教諭、指導教諭、通級担当教員、特別支援学級担任、養護教諭、対象の児童等の学級担任、学年主任等が考えられます。大切なことは、各学校の規模や実情に応じて、学校としての方針を決め、教育支援体制を作るために必要な者を校長が判断した上で、構成員とすることです。

(3) 支援内容の共通理解と定期的な評価

校長は、校内委員会で支援の対象となった児童等の支援内容について、定期的に校内委員会に報告させるとともに、学校内の教職員に共通理解を図ります。そして、学期ごと等、定期的に外部の専門家等の助言も活用しつつ、評価を行います。

(4) 評価結果や保護者の意見を踏まえた支援内容の見直し

校長は、児童等の状態や支援内容の評価を踏まえて、必要な見直しを行います。

見直しに当たっては、児童等の成長の状態や、家庭における状況の変化等、保護者からの意見も参考にすることが大切です。

3．特別支援教育コーディネーターの指名と校務分掌への位置付け

> 校長は、学校内の関係者及び関係機関との連携調整並びに保護者の連絡窓口となる特別支援教育のコーディネーターの役割を担う者を指名し、校務分掌に位置付けて特別支援教育を推進します。

(1)　特別支援教育コーディネーターの役割

　特別支援教育コーディネーターは、各学校における特別支援教育の推進のため、主に、校内委員会・校内研修の企画・運営、関係機関・学校との連絡・調整、保護者の相談窓口等の役割を担います。

　校長は、特別支援教育コーディネーターを校務分掌に明確に位置付け、学校内の全ての教職員に対して、特別支援教育コーディネーターの役割を説明し、学校において組織的に機能するように努めることが重要です。

　また、校長は、特別支援教育コーディネーターが合理的配慮の合意形成、提供、評価、引継ぎ等の一連の過程において重要な役割を担うことに十分留意し、学校において組織的に機能するよう努める必要があります。

(2)　指名に当たっての配慮事項

　校長は、特別支援教育について学ぶ意欲があり、学校全体、そして関係機関との連携・協力にも配慮ができ、必要な支援を行うために教職員の力を結集できる力量（コーディネートする力）を有する人材を特別支援教育コーディネーターに指名します。

　各学校の実情に応じて、副校長、教頭、主幹教諭、指導教諭、教務主任、生徒指導主事等を指名する場合や特別支援学級担任や通級担当教員、養護教諭を指名する場合等、様々な場合が考えられます。その際には、例えば、特別支援教育コーディネーターの役割を中心的に担う主幹教諭を置いたり、学級・教科担任をもたない教員を指名するなど、専ら特別支援教育コーディネーターの業務に従事できるような配慮を行うことが望まれます。

　特別支援教育コーディネーターの機能強化、人材育成、円滑な引継ぎ等を考えて、複数名指名することも考えられます。

(3)　校務分掌での位置付け

　特別支援教育コーディネーターの校務分掌上の位置付けは、各学校において特別支援教育コーディネーターが担う役割や組織の作り方によって異なります。

校内委員会の主任として位置付ける場合のほか、既存の生徒指導部や学習指導部等の構成員に位置付ける場合等、各学校の実情に応じて様々考えられます。

各学校の校長の判断で、最も実情に即した位置付け[8]をしていくことが求められます。

校長は、児童等への総合的な対応を図るため、例えば学校内の生徒指導部会等の体制との連携を図るなど、学校内の他の部会等との連携に向けて、積極的に教職員に対して指示することが重要です。

4．個別の教育支援計画及び個別の指導計画の作成[9]と活用・管理

> 校長は、学校内での個別の教育支援計画及び個別の指導計画を作成し、活用を進めるとともに、適切に管理します。

(1) 個別の教育支援計画の作成

教育上特別の支援を必要とする児童等については、学校生活だけでなく家庭生活や地域での生活も含め、長期的な視点に立って幼児期から学校卒業後までの一貫した支援を行うことが重要であり、その際、家庭や医療・保健・福祉・労働等の関係機関と連携し、様々な側面からの取組を示した計画（個別の教育支援計画）を作成・活用しつつ、必要な支援を行うことが有効です。

また、特別な支援を必要とする子供に対して提供されている「合理的配慮」の内容については、個別の教育支援計画に明記し、引き継ぐことが重要です。

校長は、校内委員会で個別の教育支援計画を作成するに当たり、作成の中心となる教員（作成の対象となる児童等が在籍する学級の担任、特別支援教育コーディネーター等）や作成に関わる校内委員会の構成員の役割を明確にすることが重要です。

(2) 個別の指導計画の作成

教育上特別の支援を必要とする児童等の適切な指導及び必要な支援に当たっては、個別の教育支援計画に記載された一人一人の教育的ニーズや支援内容等を踏まえ、当該児童等に関わる教職員が協力して、学校生活や各教科等における指導の目標や内容、配慮事項等を示した計画（個別の指導計画）を作成しつつ、必要な支援を行うことが有効です。

校長は、通常の学級の担任も含む全ての教員が作成する可能性があり、必要性があることを、各教員に日頃から意識させておくことが重要です。

(3) 各計画の見直し

個別の教育支援計画や個別の指導計画はあくまで児童等の支援や指導に関する

関係機関との連携のためのツールであり、作成すること自体が目的ではありません。

　実施、評価、改善を繰り返すことが最も重要です。

　支援の実施状況については、校内委員会において、定期的に見直しを図り、変更があった場合は随時加筆、修正を行うことが大切です。

　その際は、記録を基に目標の達成状況につながった支援内容及び妥当性等について検証を行い、各機関における具体的な支援内容の改善策を検討します。

(4) 各計画の活用と管理

　上記のとおり、個別の教育支援計画は、関係機関と共有したり、進学先の学校へ引き継いだりすることでその目的を果たすことができます。

　一方で、その内容には多くの個人情報を含むため、本人や保護者の同意なく、第三者に提供することはできません。このため、計画を作成する際に、本人や保護者に対し、その趣旨や目的をしっかりと説明して理解を得、第三者に引き継ぐ旨についてもあらかじめ範囲を明確にした上で、同意を得ておくことが必要です。また、あらかじめ同意を得ているとしても、実際に第三者に提供する際には、本人や保護者とともに引き継ぐ内容を確認することで、互いの考えや思いを共有することができ、よりよい引継ぎができます。

　同様に、個別の指導計画を引き継ぐ際にも、個人情報の保護に配慮する必要があります。

　校長は、学校内における個人情報の保存・管理の責任者として、学校内におけるこれらの計画に記載された個人情報が漏洩したり、滅失したりすることのないよう、適切な保存・管理を行った上で、必要な支援内容等を進学先等に確実に引き継ぐことが重要です。

（参考）次期小学校学習指導要領（抜粋）
第1章　総則
第4　児童の発達の支援
2　特別な配慮を必要とする児童への指導
(1) 障害のある児童などへの指導
エ　障害のある児童などについては、家庭、地域及び医療や福祉、保健、労働等の業務を行う関係機関との連携を図り、長期的な視点で児童への教育的支援を行うために、個別の教育支援計画を作成し活用することに努めるとともに、各教科等の指導に当たって、個々の児童の実態を的確に把握し、個別の指導計画を作成し活用することに努めるものとする。特に、特別支援学級に在籍する児童や通級による指導を受ける児童については、個々の児童の実態を的確に把握

し、個別の教育支援計画や個別の指導計画を作成し、効果的に活用するものとする。

（参考）次期中学校学習指導要領（抜粋）
第1章　総則
第4　生徒の発達の支援
2　特別な配慮を必要とする生徒への指導
(1)　障害のある生徒などへの指導
エ　障害のある生徒などについては、家庭、地域及び医療や福祉、保健、労働等の業務を行う関係機関との連携を図り、長期的な視点で生徒への教育的支援を行うために、個別の教育支援計画を作成し活用することに努めるとともに、各教科等の指導に当たって、個々の生徒の実態を的確に把握し、個別の指導計画を作成し活用することに努めるものとする。特に、特別支援学級に在籍する生徒や通級による指導を受ける生徒については、個々の生徒の実態を的確に把握し、個別の教育支援計画や個別の指導計画を作成し、効果的に活用するものとする。

※平成29年3月公示

（参考）「個別の支援計画」について
　「個別の支援計画」とは、乳幼児期から学校卒業後までの長期的な視点に立って、教育、医療、保健、福祉、労働等の関係機関が連携して、障害のある子ども一人一人のニーズに対応した支援を効果的に実施するための計画です。その内容としては、障害のある子どものニーズ、支援の目標や内容、支援を行う者や機関の役割分担、支援の内容や効果の評価方法などが考えられます。
　この「個別の支援計画」を、学校や教育委員会の教育機関が中心となって策定する場合には、「個別の教育支援計画」と呼んでいます。
　つまり、「個別の教育支援計画」は「個別の支援計画」に含まれるものであり、「個別の支援計画」を教育機関が中心となって策定する場合の呼称であるとの理解が大切です。
※「障害のある子どものための地域における相談支援体制整備ガイドライン（試案）」
（平成20年3月文部科学省、厚生労働省）から抜粋

5．教職員の理解推進と専門性の向上

　校長は、学校内での研修を実施したり、教職員を学校外での研修に参加させたりすることにより、専門性の向上に努めます。

(1)　校内研修の推進

　特別支援教育の推進のために、全ての教員が、特別支援教育に関する一定の知識や技能を有していることが不可欠です。とりわけ、通級担当教員、特別支援学級担任については、特別支援教育に関する専門的な知識を特に有する教員を充てる必要があります[10]。

そのために、校長は、特別支援教育コーディネーターを中心として校内研修を組織的に計画し、教員の障害への理解をはじめとする意識改革や、教育上特別の支援を必要とする児童等の在籍する学級集団への指導に当たっての専門性を高めていくことが求められます。

　なお、学校内の研修会の内容によっては、教員以外の専門スタッフの参画を求めることや保護者等にも声を掛けて一緒に受講し、より広く理解の推進を図る機会とすることもできます。

(2)　教員の役割に応じた学校外における研修への参加推進

　校長は、教育委員会、特別支援教育センター等が開催する、障害の理解を深めるための研修や具体的に支援を行う能力の向上を図るための研修に、教員を積極的に参加させることが大切です。

　参加に当たっては、通常の学級の担任等に対する基本的な研修、特別支援教育コーディネーターや通級担当教員、特別支援学級担任等に対する専門的な研修等、校内の教育支援体制における各教員の役割に応じて、必要な研修を受講できるようにすることが重要です。

6．教員以外の専門スタッフの活用[11]

> 　校長は、必要に応じて以下のような教員以外の専門スタッフの活用を行い、学校全体としての専門性を確保します。

(1)　特別支援教育支援員

　各学校において、特別支援教育支援員は、管理職、特別支援教育コーディネーター、各学級担任（通常の学級担任及び特別支援学級担任をいう。以下同じ。）と連携の上、以下のような役割を果たすことが想定されています。

　①基本的な生活習慣の確立のための日常生活上の支援
　②発達障害を含む障害のある児童等に対する学習支援
　③学習活動、教室間移動等における支援
　④児童等の健康・安全確保
　⑤運動会（体育大会）、学習発表会、校外学習等の学校行事における支援
　⑥周囲の児童等の障害や困難さに対する理解の促進

　校長は、各学級担任や特別支援教育コーディネーター等と特別支援教育支援員が、どのような連携・協力をするのかを個別の教育支援計画等に基づき、事前に決めておくことが必要です。

⑵　スクールカウンセラー、スクールソーシャルワーカー
　スクールカウンセラーは、学校教育に関する心理の専門家として児童等へのカウンセリングや困難・ストレスへの対処方法に資する教育プログラムの実施を行うとともに、児童等への対応について教職員、保護者への専門的な助言や援助、教員のカウンセリング能力等の向上を図る研修を行います。
　スクールソーシャルワーカーは、福祉の専門家として課題を抱える児童等が置かれた環境への働きかけや関係機関等とのネットワークの構築、連携・調整、学校内におけるチーム体制の構築・支援等の役割を果たしています。
　教育上特別の支援を必要とする児童等を支援するに当たって、児童等を取り巻く状況は、多様化していることから、校長は、必要に応じて、スクールカウンセラー及びスクールソーシャルワーカーの専門性を活用することが望ましいと考えられます。
⑶　医療的ケアを行う看護師、就労支援コーディネーター等
　各学校には、日常的にたんの吸引や経管栄養等のいわゆる「医療的ケア」を必要とする児童等のための看護師や、キャリア教育・就労支援を進めるため労働等の関係機関と連携を図る就労支援コーディネーター等の専門スタッフが配置されていることがあります。
　校長は、教員と専門スタッフが連携・分担して組織的な支援が行えるよう、個別の教育支援計画等を活用し、児童等の実態把握や支援内容、校内での役割分担について、特別支援教育コーディネーターを中心に、共通理解を図ることが重要になります。

７．保護者との連携の推進

> 　校長は、各学校それぞれの実態に応じて、全ての保護者に対して、特別支援教育に関する理解を図るとともに、保護者と協働で支援を行う体制を作ります。

⑴　保護者への理解推進
　各学級担任や特別支援教育コーディネーター等が保護者との連絡調整の窓口の役割を担うこととなります。通常の学級の中で、教育上特別の支援を必要とする児童等に効果的な教育的支援を行うためには、対象となる児童等の保護者のみならず、全ての保護者に対し、特別支援教育の重要性や特別支援コーディネーターをはじめ校内の教育支援体制について理解を得ることが大切です。その上で、保護者に対し必要に応じて、自校における教育上特別の支援を必要とする児童等へ

の支援内容等を説明し、理解を得ることも求められます。

校長は、学校だよりや教育相談等の機会を活用したり、ＰＴＡ等の協力も得ながら、全ての保護者に対して特別支援教育の理解の推進を図ることが重要となります。

保護者への理解を図る上では、個人情報の保護の観点から情報の管理を慎重に行い、本人や保護者の意向を確認しながら、誤解や学校への不信感が生じないよう配慮することが重要です。

> 事例１：ＰＴＡの協力を得て、保護者の理解を促進する取組
> 　Ａ小学校では、校長が朝会の講話で「算数が得意なのに計算が苦手な子供」についての絵本の読み聞かせを行い、全校児童への発達障害への理解推進を図っています。
> 　それを子供から聞いた保護者の一人が、ＰＴＡ役員と相談し、「ぜひともＰＴＡの研修会でも行ってほしい」と校長に申し出、校長は、ＰＴＡ役員と相談の上、ＰＴＡ年間活動計画の変更・調整を行い、保護者向け講演会が実現しました。
> 　特に、発達障害のある児童を育てた経験のある保護者の話は、子供の障害の有無に関わらず共感する保護者が多くおり、特別支援教育を推進するにあたって、保護者たちからも、一人一人の児童の困難さを理解し、ともに支援していきたいという機運を高めることができました。
> 　その講演会後、発達障害と診断されたＢさんの保護者から、特別支援教育コーディネーターを通じて「我が子をクラスの皆さんによく知ってほしい」と申出があり、学級保護者会に、通級担当教員が参加して、「Ｂさんへの合理的配慮や周囲の人たちに理解・支援してほしいこと」、「Ｂさんへの合理的配慮を進めるために学級経営上配慮すること」などの話をする機会を持つことができました。
> 　そうした一連の取組を通して、クラスの児童も保護者も、Ｂさんは、どんな支援が求められ、どこまで可能か、また、そうした配慮や支援があればより一層クラスの中で活躍できるのかを知ることができました。
> 　その結果、クラスの児童全員に相手の気持ちに立って考えるという共感的な視点が育まれるとともに、発達障害に対する不安や誤解を解消することにつながりました。

(2) 保護者との協働

保護者が不安に思ったことや気になったこと等を、各学級担任や特別支援教育コーディネーター等に率直に相談するに当たって、教員と保護者との信頼関係が重要になります。

そのためには、各学級担任と保護者との間で、日常的に情報を交換する機会を設け、学校や家庭での様子を共有する必要があります。また、学校における子供の状況について保護者に理解を深めるために、学校の様子を具体的に見てもらう機会を設ける必要があります。

校長は、例えば、特別支援教育コーディネーターが参加する保護者会や個人面

談、(保護者からの要望があった場合の) 日常における授業参観等の機会を設けるなど、教員と保護者が協働して児童等を支える環境を整えていくことが大切です。

(3) 個別の教育支援計画の作成と活用に当たって

　個別の教育支援計画の作成に当たっては、保護者の参画が求められており、学校側と保護者側の教育的ニーズを整理しながら作成することが必要です。

　また、個別の教育支援計画を作成したら、保護者とも協働して、子供への支援を行います。保護者から聞いた家庭での様子等を、必要に応じて、個別の教育支援計画に反映するとともに、進学先や就労先への引き継ぎに際しても、保護者が積極的に関われるようにすることが大切です。

8．専門家・専門機関との連携の推進

> 校長は、教育委員会が配置・設置する専門家等や教育、医療、保健、福祉、労働等の関係機関との連携を推進します。

(1) 巡回相談員や専門家チームとの連携

　校内委員会における実態把握の内容や支援内容について、教育委員会が配置した巡回相談員や教育委員会に設置される専門家チームに対して、適宜相談を行うことができます。

　相談を行う際の窓口については、主として、特別支援教育コーディネーターが担うこととなります。

　校長は、巡回相談員や専門家チームから適切な助言等を受けられるように、特別支援教育コーディネーターに具体的な指示を行い、連携が円滑に進むような支援を行うことが大切です。

(2) 特別支援学校のセンター的機能の活用

　各学校が、児童等の障害の状態や特性等に応じた専門的な支援を充実させるためには、特別支援学校のセンター的機能を活用し、必要な助言又は援助を受けることも有効です。

　特別支援学校への要請を行う際は、各々の学校の校長が協議し、センター的機能の活用に当たっての全体的な方針を定めた上で、特別支援教育コーディネーターを窓口とした具体的な相談を行うことで、専門的な助言を得ることができます。

(3) 教育、医療、保健、福祉、労働、その他の関係機関との連携

　児童等の能力や可能性を最大限に伸ばしていくためには、一人一人の障害の状態やその程度等の専門的な判断、個々の障害の特性に基づく適切な支援が必要で

す。そのため、個別の支援に当たっては、教育、医療、保健、福祉、労働等の外部の専門家の導入や、これらの専門家との緊密な連携が求められます。

　校長は、地域の教育、医療、保健、福祉、労働等の関係機関との連携方法について、特別支援教育コーディネーターを中心に整理させておくことが重要です。

　なお、医療、福祉分野では、国立障害者リハビリテーションセンターにおいて、発達障害情報・支援センターや高次脳機能障害・情報支援センター等が開設され、各地域における相談窓口の情報が整理され、掲載されています。

(4)　個別の教育支援計画等の作成と活用に当たって

　個別の教育支援計画等の作成に当たっては、教育委員会が配置・設置する専門家等や教育、医療、保健、福祉、労働等の関係機関と連携するとともに、児童等への支援に際しては、個別の教育支援計画等を活用していくことが大切です[12]。

9．進学等における適切な情報の引継ぎ

> 　校長は、個別の教育支援計画等を活用し、教育上特別の支援を必要とする児童等の支援内容を進学先へ適切に引き継ぎます。

(1)　幼稚園[13]から小学校への適切な引継ぎ

　幼稚園の園長は、小学校の校長と連携を図り、教育上特別の支援を必要とする幼児に対する支援内容を記載した個別の教育支援計画等を、保護者の同意を得つつ、引き継ぎます。

　引継ぎに当たって、保護者も含め、直接会って情報を引き継ぐことも有用です。

　また、小学校の校長は、幼稚園から引き継いだ個別の教育支援計画等による情報を活用しつつ、学級編制、学級担任及び小学校における支援内容を決定することとなりますが、幼稚園と小学校では、教室環境及び支援方法等が大きく異なるため、慎重に行う必要があります。

　なお、当然のことながら、幼稚園のみならず、保育所や認定こども園等を卒園した児童についても、支援内容の引継ぎは重要となるため、小学校の校長は、保育所等とも積極的な連携を図る必要があります。

> **事例２：幼稚園から小学校への引継ぎ**
> 　Ｃ市のＤ幼稚園は、園長のリーダーシップの下、学校経営計画において、個別の教育支援計画や個別の指導計画を作成しつつ、特別支援教育を進めることを盛り込み、教職員の共通理解を図りながら、幼稚園全体として特別支援教育を推進してきました。
> 　Ｃ市では、かねてから行政区毎に幼稚園・保育所・小学校連絡協議会を組織し、

定期的な交流を行う中で、保護者の同意のもと、入学予定の幼児の幼稚園・保育所から小学校への引継ぎを実施していましたが、教育上特別の支援を必要とする幼児に関する情報については、協議会による伝達だけでは限界があり、D幼稚園の園長としては園全体で共有した支援内容を就学先の小学校に引き継ぐには工夫が必要と考えました。
　そこで、D幼稚園では、教育上特別の支援を必要とする幼児について、C市が行っている引継ぎに加えて、園が作成した個別の教育支援計画等の内容に基づいて引継ぎシートを用意し、年度末あるいは就学先の小学校の授業が開始する前の適切な時期に、幼児の特性と有効であった適切な指導や必要な支援の情報を、複数回、小学校の担当者に面会して、丁寧に説明する機会を設けています。

(2)　小学校から中学校への適切な引継ぎ

　小学校の校長は、中学校の校長と連携を図り、教育上特別の支援を必要とする児童に対する支援内容を記載した個別の教育支援計画等を、保護者の同意を得つつ、引き継ぎます。

　また、指導要録の「総合所見及び指導上参考となる諸事項」に、効果的と考えられる支援方法や配慮事項を記述することも考えられます。

　なお、小学校から中学校に進学すると、教科担任制となったり、部活動が始まることなどにより、学習環境や生活環境が大きく変化するため、特に、学びにくさを感じている教科等の目標や内容について明確にした上で、教科担任にも確実に引き継ぐ必要があります。そのために、双方の校長は、関係教職員による互いの学校見学や、児童や保護者の中学校見学等の機会を設けるなど、積極的な連携を図ることが重要となります。

　また、小学校から引き続き通級による指導を実施する場合にも、担当者相互の情報交換や引継ぎに加え、児童本人や保護者の教室見学や体験等を通じて、児童自身に進学先の通級による指導をよく理解させた上で実施することが大切です。

事例3：小学校から中学校への引継ぎ
　E市のある中学校区では、中学校に対し、域内の小学校から児童に関する情報が確実に引き継がれるように、校長同士が連携して、小・中連携シートを考案し、活用しています。
　小・中連携シートには、児童の実態、行動や様子（長所と支援が必要なところ等）、支援体制、今までに行った支援の工夫や配慮、連携している関係機関名等を記述します。
　この小・中連携シートによって、通常の学級に在籍する特別の支援を必要とする児童の状況を事前に把握することで、教員の共通理解を図ることができ、早期からの支援が可能となり、不登校等の二次障害の未然防止につながりました。
　この小・中連携シートは、後にE市全体で取り組むこととなり、引継ぎ後に、記載内容の妥当性や活用状況について、E市教育委員会が評価を行うこととなり

> ました。
> 　校長がリーダーシップを発揮して作成した小・中連携シートが、好事例として市全体に波及しました。

(3)　中学校から高等学校等への適切な引継ぎ

　中学校から高等学校等への段階においても、個別の教育支援計画等を活用した引継ぎの重要性は、幼稚園から小学校及び小学校から中学校への段階と変わりませんが、入学者選抜があるため、これを踏まえて適切に引継ぎを行う必要があります。

　中学校の校長は、特別支援教育コーディネーターや進路指導主事等とともに、生徒の障害の状態や支援内容等について、入学試験相談会前、入学者選抜前、入学前のそれぞれの時期に、どの情報を引き継ぐかを整理することが重要です。

　高等学校等の校長は、生徒に障害があることが入学者選抜等において不利になるものではないことや、生徒の教育的ニーズに応じた合理的配慮の提供について検討する用意があることを、保護者、地域及び中学校に対して、積極的に周知する必要があります。

　また、中学校から高等学校等への移行段階においても、学びにくさを感じている教科等の目標や内容について明確にした上で、学習指導上留意すべき点等についても引き継ぐ必要があります。

> **事例４：中学校から高等学校への引継ぎ**
> 　Ｆ高等学校では、教育上特別の支援が必要な生徒への支援体制、入学者選抜における配慮事項やその申出の方法について、ホームページ上で公開したり、学校説明会の際に中学生やその保護者に対して説明したりしています。
> 　また、合格発表後には、保護者及び中学校宛てに「心配ごと」や「気になること」、「得意なこと」等の情報提供を求め、学校と家庭の連携を図っており、特に保護者には校内の相談体制について改めて説明しています。
> 　さらに、配慮を要する生徒の情報を得るために、入学者説明会の時期に、高等学校側が中学校を直接訪問したり、地区を分けて中・高等学校の校長同士で主催する連絡協議会を実施したりしています。
> 　次の例は、入学者選抜前に中学校から高等学校側へ相談があった例です。
> 　Ｇさんは、中学生の時に自閉症と診断されました。
> 初めて訪れる場所で、かつ大勢の人がいる場合にパニックを起こすことがあります。
> 　そこで、Ｇさんは、中学校の学級担任に相談した上で、事前に試験会場を下見することになりました。大教室で大勢が一斉に受験する試験会場であったことから、試験を受けることが困難であることが想定されたため、中学校と相談の上、入学者選抜に当たり、別室で受験を行うよう配慮を申出ました。
> 　高等学校側は、Ｇさんの申出について配慮が可能かを検討した上で、別室で受

> 験を認めることにしました。
>   試験当日、Gさんは、別室で落ち着いて試験に臨むことができ、普段どおりの実力が出せた結果、合格することができました。
>   入学後は、両校の特別支援教育コーディネーターが中心となり、個別の教育支援計画を活用し、支援内容等について引継ぎを行いました。
>   引き継いだ内容を踏まえ、高等学校の校内委員会において、Gさんへの配慮について確認し、全ての教職員が共有しました。このような取組によって、Gさんは不適応を起こすことなく充実した高校生活を送ることができました。

(4) 特別支援学校との適切な引継ぎ

校長は、教育上特別の支援を必要とする児童等が、特別支援学校に転校や進学をする場合も、転校・進学先の校長と連携を図り、支援内容を記載した個別の教育支援計画等を、保護者の同意を得つつ、引き継ぎます。

同様に、教育上特別の支援を必要とする児童を特別支援学校から受け入れる場合においても、適切に支援内容を引き継ぐ必要があります。

(5) 高等学校等から大学又は企業等の進路先への適切な引継ぎ

教育上特別の支援を必要とする生徒が、進学先や就職先でも適切な支援を受けながら、就学・就業することができるようにするためには、高等学校等は、大学又は企業等に対し、個別の教育支援計画等を活用するなどして、個々の生徒が必要とする支援に関する情報をしっかりと伝えることが効果的です。

大学等における障害のある学生に対する支援の取組については、年々充実してきており、独立行政法人日本学生支援機構（JASSO）のホームページ等において、障害学生修学支援情報が整理されて掲載されています。

校長は、進路指導主事、就労支援コーディネーター等とともに、大学や企業等において受けることができる支援等に関する情報を整理し、教員が進路指導を行うに当たり、これらの情報を適切に伝え、将来の自立と社会参加に向けた観点からの指導・助言を行いつつ、進路指導に取り組むことが重要です。

また、教育上特別の支援を必要とする生徒の就労については、特別支援学校高等部が蓄積してきた知見及び企業、ハローワーク、障害者就業・生活支援センター等の関係機関とのネットワークを活用することも有効です。

6　障害の有無の判断を校内委員会や教員が行うものではないことに十分留意する必要があります。
7　各学校に在籍する児童等は、特別支援学校と異なり、全ての児童等が障害による学習上又は生活上の困難があるわけではないため、各学校における校内委員会の役割として、障害による困難のある児童等を早期に支援する仕組み（早期に気付くための教員の研修

の実施、判断の参考となるツールの活用、保護者からの相談体制（合理的配慮の提供プロセスも含む）、前の在籍校等からの支援内容の適切な引継ぎ体制等）を作ることが重要です。

8 例えば、生徒指導部の組織に位置付ける利点として、生徒指導部会において、問題として捉えられた児童等の行動について、特別支援教育の校内委員会の機能を有することで、障害から生じる困難の状況に気付くことができ、適切な指導及び必要な支援を開始することが可能になることも考えられます。

9 各学校において行う特別支援教育の対象は、特別支援学級はもとより、通常の学級を含む、全ての教育上特別の支援を必要とする児童等であり、特別支援教育は、学校教育法第81条第2項各号に記載されている障害種のみならず、あらゆる障害による学習上又は生活上の困難を克服するための教育を指します。法律上は、障害による学習上又は生活上の困難を克服するための教育を行うものとされていますが、これは必ずしも、医師による障害の診断がないと特別支援教育を行えないというものではなく、児童等の教育的ニーズを踏まえ、校内委員会等により「障害による困難がある」と判断された児童等に対しては、個別の教育支援計画及び個別の指導計画の作成を含む適切な支援を行う必要があります。

　また、次期学習指導要領においては、通級による指導を受ける児童等及び特別支援学級に在籍する児童等に対する指導や支援が組織的・継続的に行われるよう、「個別の教育支援計画」や「個別の指導計画」を全員作成することとされています。

10 通級担当教員や特別支援学級担任の配置に当たっては、通常の学級の担任や特別支援教育コーディネーターに対し、助言を行う役割もあることに鑑み、通常の学級における指導方法を理解した者を充てることが望ましいです。

11 教員が圧倒的多数となる学校組織に、少人数で入る専門スタッフには不安があり、専門スタッフには学校の内情が分からないことも多々あります。また、勤務時間が異なるため、放課後等の会議に参加できず、情報の伝達等に影響がでることもあります。そうした専門スタッフの心情や状況に配慮することも重要です。

12 教育と福祉の連携を一層推進するため、学校と障害者通所支援を提供する事業所や障害児入所施設、居宅サービスを提供する事業所（以下「障害児通所支援事業所等」という。）が緊密な連携を図るとともに、学校等で作成する個別の教育支援計画及び個別の指導計画と障害児相談支援事業所で作成する障害児支援利用計画及び障害児通所支援事業所等で作成する個別支援計画が、個人情報に留意しつつ連携していくことが望ましいです。（平成24年4月18日付け厚生労働省社会・援護局障害保健福祉部障害福祉課、文部科学省初等中等教育局特別支援教育課連名事務連絡）

13 幼稚園への入学までの過程において、保護者は、子供の成長や発達に様々な不安を抱えている場合があります。幼稚園の園長は、保護者から子供の家庭等での様子を聴いた上で、さらに医療、保健、福祉等の関係機関の相談状況・支援内容等についても把握していく必要があります。そして、教育上特別の支援を必要とする幼児については、個別の教育支援計画等を作成し、入園後も円滑に幼稚園生活を送っていけるようにすることが大切です。この際、医療、保健、福祉等の関係機関と連携し、障害児相談支援事業所で作成されている障害児支援利用計画や児童発達支援センター等の障害児通所支援施設支援で作成されている個別支援計画等がある場合には有効に活用するなど、支援に必要な情報を適切に引き継ぐ必要があります。

> 資料8

特別支援教育の推進について（通知）

〔主要部分一部抜粋〕

19文科初第125号
平成19年4月1日

各都道府県教育委員会教育長　殿
各指定都市教育委員会教育長　殿
各都道府県知事　殿
附属学校を置く各国立大学法人学長　殿

文部科学省初等中等教育局長
銭谷　眞美

　文部科学省では、障害のある全ての幼児児童生徒の教育の一層の充実を図るため、学校における特別支援教育を推進しています。
　本通知は、本日付けをもって、特別支援教育が法的に位置付けられた改正学校教育法が施行されるに当たり、幼稚園、小学校、中学校、高等学校、中等教育学校及び特別支援学校（以下「各学校」という。）において行う特別支援教育について、下記により基本的な考え方、留意事項等をまとめて示すものです。都道府県・指定都市教育委員会にあっては、所管の学校及び域内の市区町村教育委員会に対して、都道府県知事にあっては、所轄の学校及び学校法人に対して、国立大学法人にあっては、附属学校に対して、この通知の内容について周知を図るとともに、各学校において特別支援教育の一層の推進がなされるようご指導願います。
　なお、本通知については、連携先の諸部局・機関への周知にもご配慮願います。

記

1．特別支援教育の理念

　特別支援教育は、障害のある幼児児童生徒の自立や社会参加に向けた主体的な取組を支援するという視点に立ち、幼児児童生徒一人一人の教育的ニーズを把握し、その持てる力を高め、生活や学習上の困難を改善又は克服するため、適切な指導及び必要な支援を行うものである。
　また、特別支援教育は、これまでの特殊教育の対象の障害だけでなく、知的な遅れのない発達障害も含めて、特別な支援を必要とする幼児児童生徒が在籍する全ての学校において実施されるものである。
　さらに、特別支援教育は、障害のある幼児児童生徒への教育にとどまらず、障害の有無やその他の個々の違いを認識しつつ様々な人々が生き生きと活躍でき

る共生社会の形成の基礎となるものであり、我が国の現在及び将来の社会にとって重要な意味を持っている。

2．校長の責務

校長（園長を含む。以下同じ。）は、特別支援教育実施の責任者として、自らが特別支援教育や障害に関する認識を深めるとともに、リーダーシップを発揮しつつ、次に述べる体制の整備等を行い、組織として十分に機能するよう教職員を指導することが重要である。

また、校長は、特別支援教育に関する学校経営が特別な支援を必要とする幼児児童生徒の将来に大きな影響を及ぼすことを深く自覚し、常に認識を新たにして取り組んでいくことが重要である。

3．特別支援教育を行うための体制の整備及び必要な取組

特別支援教育を実施するため、各学校において次の体制の整備及び取組を行う必要がある。

(1) 特別支援教育に関する校内委員会の設置

各学校においては、校長のリーダーシップの下、全校的な支援体制を確立し、発達障害を含む障害のある幼児児童生徒の実態把握や支援方策の検討等を行うため、校内に特別支援教育に関する委員会を設置すること。

委員会は、校長、教頭、特別支援教育コーディネーター、教務主任、生徒指導主事、通級指導教室担当教員、特別支援学級教員、養護教諭、対象の幼児児童生徒の学級担任、学年主任、その他必要と思われる者などで構成すること。

なお、特別支援学校においては、他の学校の支援も含めた組織的な対応が可能な体制づくりを進めること。

(2) 実態把握

各学校においては、在籍する幼児児童生徒の実態の把握に努め、特別な支援を必要とする幼児児童生徒の存在や状態を確かめること。

さらに、特別な支援が必要と考えられる幼児児童生徒については、特別支援教育コーディネーター等と検討を行った上で、保護者の理解を得ることができるよう慎重に説明を行い、学校や家庭で必要な支援や配慮について、保護者と連携して検討を進めること。その際、実態によっては、医療的な対応が有効な場合もあるので、保護者と十分に話し合うこと。

特に幼稚園、小学校においては、発達障害等の障害は早期発見・早期支援が重要であることに留意し、実態把握や必要な支援を着実に行うこと。

(3) 特別支援教育コーディネーターの指名

各学校の校長は、特別支援教育のコーディネーター的な役割を担う教員を「特別支援教育コーディネーター」に指名し、校務分掌に明確に位置付けること。

特別支援教育コーディネーターは、各学校における特別支援教育の推進のため、主に、校内委員会・校内研修の企画・運営、関係諸機関・学校との連絡・調整、保護者からの相談窓口などの役割を担うこと。

また、校長は、特別支援教育コーディネーターが、学校において組織的に機能するよう努ること。

(4) 関係機関との連携を図った「個別の教育支援計画」の策定と活用

特別支援学校においては、長期的な視点に立ち、乳幼児期から学校卒業後まで一貫した教育的支援を行うため、医療、福祉、労働等の様々な側面からの取組を含めた「個別の教育支援計画」を活用した効果的な支援を進めること。

また、小・中学校等においても、必要に応じて、「個別の教育支援計画」を策定するなど、関係機関と連携を図った効果的な支援を進めること。

(5) 「個別の指導計画」の作成

特別支援学校においては、幼児児童生徒の障害の重度・重複化、多様化等に対応した教育を一層進めるため、「個別の指導計画」を活用した一層の指導の充実を進めること。

また、小・中学校等においても、必要に応じて、「個別の指導計画」を作成するなど、一人一人に応じた教育を進めること。

(6) 教員の専門性の向上

特別支援教育の推進のためには、教員の特別支援教育に関する専門性の向上が不可欠である。したがって、各学校は、校内での研修を実施したり、教員を校外での研修に参加させたりすることにより専門性の向上に努めること。

また、教員は、一定の研修を修了した後でも、より専門性の高い研修を受講したり、自ら最新の情報を収集したりするなどして、継続的に専門性の向上に努めること。

さらに、独立行政法人国立特別支援教育総合研究所が実施する各種指導者養成研修についても、活用されたいこと。

なお、教育委員会等が主催する研修等の実施に当たっては、国・私立学校関係者や保育所関係者も受講できるようにすることが望ましいこと。

4．略

5．略

6．保護者からの相談への対応や早期からの連携

各学校及び全ての教員は、保護者からの障害に関する相談などに真摯に対応し、その意見や事情を十分に聴いた上で、当該幼児児童生徒への対応を行うこと。その際、プライバシーに配慮しつつ、必要に応じて校長や特別支援教育コーディネーター等と連携し、組織的な対応を行うこと。

また、本日施行される「学校教育法等の一部を改正する法律の施行に伴う関係政令の整備等に関する政令（平成19年政令第55号）」において、障害のある児童の就学先の決定に際して保護者の意見聴取を義務付けたこと（学校教育法施行令第18条の２）に鑑み、小学校及び特別支援学校において障害のある児童が入学する際には、早期に保護者と連携し、日常生活の状況や留意事項等を聴取し、当該児童の教育的ニーズの把握に努め、適切に対応すること。

7．教育活動等を行う際の留意事項等

(1) 障害種別と指導上の留意事項

障害のある幼児児童生徒への支援に当たっては、障害種別の判断も重要であるが、当該幼児児童生徒が示す困難に、より重点を置いた対応を心がけること。また、医師等による障害の診断がなされている場合でも、教師はその障害の特徴や対応を固定的にとらえることのないよう注意するとともに、その幼児児童生徒のニーズに合わせた指導や支援を検討すること。

(2) 学習上・生活上の配慮及び試験などの評価上の配慮

各学校は、障害のある幼児児童生徒が、円滑に学習や学校生活を行うことができるよう、必要な配慮を行うこと。

また、入学試験やその他試験などの評価を実施する際にも、別室実施、出題方法の工夫、時間の延長、人的な補助など可能な限り配慮を行うこと。

(3) 生徒指導上の留意事項

障害のある幼児児童生徒は、その障害の特性による学習上・生活上の困難を有しているため、周囲の理解と支援が重要であり、生徒指導上も十分な配慮が必要であること。

特に、いじめや不登校などの生徒指導上の諸問題に対しては、表面に現れた現象のみにとらわれず、その背景に障害が関係している可能性があるか否かなど、幼児児童生徒をめぐる状況に十分留意しつつ慎重に対応する必要があること。そのため、生徒指導担当にあっては、障害についての知識を深めるとともに、特別支援教育コーディネーターをはじめ、養護教諭、スクールカウンセラー等と連携し、当該幼児児童生徒への支援に係る適切な判断や必要な支援を行うこ

とができる体制を平素整えておくことが重要であること。
(4) 交流及び共同学習、障害者理解等
　障害のある幼児児童生徒と障害のない幼児児童生徒との交流及び共同学習は、障害のある幼児児童生徒の社会性や豊かな人間性を育む上で重要な役割を担っており、また、障害のない幼児児童生徒が、障害のある幼児児童生徒とその教育に対する正しい理解と認識を深めるための機会である。
　このため、各学校においては、双方の幼児児童生徒の教育的ニーズに対応した内容・方法を十分検討し、早期から組織的、計画的、継続的に実施することなど、一層の効果的な実施に向けた取組を推進されたいこと。
　なお、障害のある同級生などの理解についての指導を行う際は、幼児児童生徒の発達段階や、障害のある幼児児童生徒のプライバシー等に十分配慮する必要があること。
(5) 進路指導の充実と就労の支援
　障害のある生徒が、将来の進路を主体的に選択することができるよう、生徒の実態や進路希望等を的確に把握し、早い段階からの進路指導の充実を図ること。また、企業等への就職は、職業的な自立を図る上で有効であることから、労働関係機関等との連携を密にした就労支援を進められたいこと。
(6) 支援員等の活用
　障害のある幼児児童生徒の学習上・生活上の支援を行うため、教育委員会の事業等により特別支援教育に関する支援員等の活用が広がっている。
　この支援員等の活用に当たっては、校内における活用の方針について十分検討し共通理解のもとに進めるとともに、支援員等が必要な知識なしに幼児児童生徒の支援に当たることのないよう、事前の研修等に配慮すること。
(7) 学校間の連絡
　障害のある幼児児童生徒の入学時や卒業時に学校間で連絡会を持つなどして、継続的な支援が実施できるようにすることが望ましいこと。

8．厚生労働省関係機関等との連携
　各学校及び各教育委員会等は、必要に応じ、発達障害者支援センター、児童相談所、保健センター、ハローワーク等、福祉、医療、保健、労働関係機関との連携を図ること。

資料9 共生社会の形成に向けたインクルーシブ教育
システム構築のための特別支援教育の推進（報告）概要

（平成24年7月23日　中央教育審議会初等中等教育分科会）

1．共生社会の形成に向けて
(1) 共生社会の形成に向けたインクルーシブ教育システムの構築
- 「共生社会」とは、これまで必ずしも十分に社会参加できるような環境になかった障害者等が、積極的に参加・貢献していくことができる社会である。それは、誰もが相互に人格と個性を尊重し支え合い、人々の多様な在り方を相互に認め合える全員参加型の社会である。このような社会を目指すことは、我が国において最も積極的に取り組むべき重要な課題である。
- 障害者の権利に関する条約第24条によれば、「インクルーシブ教育システム」(inclusive education system、署名時仮訳：包容する教育制度）とは、人間の多様性の尊重等の強化、障害者が精神的及び身体的な能力等を可能な最大限度まで発達させ、自由な社会に効果的に参加することを可能とするとの目的の下、障害のある者と障害のない者が共に学ぶ仕組みであり、障害のある者が「general education system」（署名時仮訳：教育制度一般）から排除されないこと、自己の生活する地域において初等中等教育の機会が与えられること、個人に必要な「合理的配慮」が提供される等が必要とされている。
- 共生社会の形成に向けて、障害者の権利に関する条約に基づくインクルーシブ教育システムの理念が重要であり、その構築のため、特別支援教育を着実に進めていく必要があると考える。
- インクルーシブ教育システムにおいては、同じ場で共に学ぶことを追求するとともに、個別の教育的ニーズのある幼児児童生徒に対して、自立と社会参加を見据えて、その時点で教育的ニーズに最も的確に応える指導を提供できる、多様で柔軟な仕組みを整備することが重要である。小・中学校における通常の学級、通級による指導、特別支援学級、特別支援学校といった、連続性のある「多様な学びの場」を用意しておくことが必要である。

(2) インクルーシブ教育システム構築のための特別支援教育の推進
- 特別支援教育は、共生社会の形成に向けて、インクルーシブ教育システム構築のために必要不可欠なものである。そのため、以下の①から③までの考え方に基づき、特別支援教育を発展させていくことが必要である。このような形で特別支援教育を推進していくことは、子ども一人一人の教育的ニーズを把握し、適切な指導及び必要な支援を行うものであり、この観点から教育を進めていく

ことにより、障害のある子どもにも、障害があることが周囲から認識されていないものの学習上又は生活上の困難のある子どもにも、更にはすべての子どもにとっても、良い効果をもたらすことができるものと考えられる。

① 障害のある子どもが、その能力や可能性を最大限に伸ばし、自立し社会参加することができるよう、医療、保健、福祉、労働等との連携を強化し、社会全体の様々な機能を活用して、十分な教育が受けられるよう、障害のある子どもの教育の充実を図ることが重要である。

② 障害のある子どもが、地域社会の中で積極的に活動し、その一員として豊かに生きることができるよう、地域の同世代の子どもや人々の交流等を通して、地域での生活基盤を形成することが求められている。このため、可能な限り共に学ぶことができるよう配慮することが重要である。

③ 特別支援教育に関連して、障害者理解を推進することにより、周囲の人々が、障害のある人や子どもと共に学び合い生きる中で、公平性を確保しつつ社会の構成員としての基礎を作っていくことが重要である。次代を担う子どもに対し、学校において、これを率先して進めていくことは、インクルーシブな社会の構築につながる。

・基本的な方向性としては、障害のある子どもと障害のない子どもが、できるだけ同じ場で共に学ぶことを目指すべきである。その場合には、それぞれの子どもが、授業内容が分かり学習活動に参加している実感・達成感を持ちながら、充実した時間を過ごしつつ、生きる力を身に付けていけるかどうか、これが最も本質的な視点であり、そのための環境整備が必要である。

(3) 共生社会の形成に向けた今後の進め方

・今後の進め方については、施策を短期(「障害者の権利に関する条約」批准まで)と中長期(同条約批准後の10年間程度)に整理した上で、段階的に実施していく必要がある。

短期:就学相談・就学先決定の在り方に係る制度改革の実施、教職員の研修等の充実、当面必要な環境整備の実施。「合理的配慮」の充実のための取組。それらに必要な財源を確保して順次実施。

中長期:短期の施策の進捗状況を踏まえ、追加的な環境整備や教職員の専門性向上のための方策を検討していく。最終的には、条約の理念が目指す共生社会の形成に向けてインクルーシブ教育システムを構築していくことを目指す。

2．就学相談・就学先決定の在り方について

(1) 早期からの教育相談・支援
- 子ども一人一人の教育的ニーズに応じた支援を保障するためには、乳幼児期を含め早期からの教育相談や就学相談を行うことにより、本人・保護者に十分な情報を提供するとともに、幼稚園等において、保護者を含め関係者が教育的ニーズと必要な支援について共通理解を深めることにより、保護者の障害受容につなげ、その後の円滑な支援にもつなげていくことが重要である。また、本人・保護者と市町村教育委員会、学校等が、教育的ニーズと必要な支援について合意形成を図っていくことが重要である。
- 乳児期から幼児期にかけて、子どもが専門的な教育相談・支援が受けられる体制を医療、保健、福祉等との連携の下に早急に確立することが必要であり、それにより、高い教育効果が期待できる。

(2) 就学先決定の仕組み
- 就学基準に該当する障害のある子どもは特別支援学校に原則就学するという従来の就学先決定の仕組みを改め、障害の状態、本人の教育的ニーズ、本人・保護者の意見、教育学、医学、心理学等専門的見地からの意見、学校や地域の状況等を踏まえた総合的な観点から就学先を決定する仕組みとすることが適当である。その際、市町村教育委員会が、本人・保護者に対し十分情報提供をしつつ、本人・保護者の意見を最大限尊重し、本人・保護者と市町村教育委員会、学校等が教育的ニーズと必要な支援について合意形成を行うことを原則とし、最終的には市町村教育委員会が決定することが適当である。
- 現在、多くの市町村教育委員会に設置されている「就学指導委員会」については、早期からの教育相談・支援や就学先決定時のみならず、その後の一貫した支援についても助言を行うという観点から、「教育支援委員会」（仮称）といった名称とすることが適当である。「教育支援委員会」（仮称）については、機能を拡充し、一貫した支援を目指す上で重要な役割を果たすことが期待される。
- 就学時に決定した「学びの場」は固定したものではなく、それぞれの児童生徒の発達の程度、適応の状況等を勘案しながら柔軟に転学ができることを、すべての関係者の共通理解とすることが重要である。
- 就学相談の初期の段階で、就学先決定についての手続の流れや就学先決定後も柔軟に転学できることなどについて、本人・保護者にあらかじめ説明を行うことが必要である（就学に関するガイダンス）。
- 本人・保護者と市町村教育委員会、学校等の意見が一致しない場合については、例えば、本人・保護者の要望を受けた市町村教育委員会からの依頼に基づき、

都道府県教育委員会が、市町村教育委員会への指導・助言の一環として、都道府県教育委員会の「教育支援委員会」(仮称)に第三者的な有識者を加えて活用することも考えられる。

(3) 一貫した支援の仕組み
- 可能な限り早期から成人に至るまでの一貫した指導・支援ができるように、子どもの成長記録や指導内容等に関する情報を、その扱いに留意しつつ、必要に応じて関係機関が共有し活用することが必要である。

(4) 就学先相談、就学先決定に係る国・都道府県教育委員会の役割
- 都道府県教育委員会の就学先決定に関わる相談・助言機能を強化する必要がある。
- 就学相談については、それぞれの自治体の努力に任せるだけでは限界があることから、国において、何らかのモデル的な取組を示すとともに、具体例の共有化を進めることが必要である。

3．障害のある子どもが十分に教育を受けられるための合理的配慮及びその基礎となる環境整備

(1)「合理的配慮」について
- 条約の定義に照らし、本特別委員会における「合理的配慮」とは、「障害のある子どもが、他の子どもと平等に「教育を受ける権利」を享有・行使することを確保するために、学校の設置者及び学校が必要かつ適当な変更・調整を行うことであり、障害のある子どもに対し、その状況に応じて、学校教育を受ける場合に個別に必要とされるもの」であり、「学校の設置者及び学校に対して、体制面、財政面において、均衡を失した又は過度の負担を課さないもの」、と定義した。なお、障害者の権利に関する条約において、「合理的配慮」の否定は、障害を理由とする差別に含まれるとされていることに留意する必要がある。
- 障害のある子どもに対する支援については、法令に基づき又は財政措置により、国は全国規模で、都道府県は各都道府県内で、市町村は各市町村内で、教育環境の整備をそれぞれ行う。これらは、「合理的配慮」の基礎となる環境整備であり、それを「基礎的環境整備」と呼ぶこととする。これらの環境整備は、その整備の状況により異なるところではあるが、これらを基に、設置者及び学校が、各学校において、障害のある子どもに対し、その状況に応じて、「合理的配慮」を提供する。
- 「合理的配慮」の決定に当たっては、障害者の権利に関する条約第24条第1項にある、人間の多様性の尊重等の強化、障害者が精神的及び身体的な能力等を可能な最大限度まで発達させ、自由な社会に効果的に参加することを可能とす

るといった目的に合致するかどうかの観点から検討が行われることが重要である。
- 「合理的配慮」は、一人一人の障害の状態や教育的ニーズ等に応じて決定されるものであり、設置者・学校と本人・保護者により、発達の段階を考慮しつつ、「合理的配慮」の観点を踏まえ、「合理的配慮」について可能な限り合意形成を図った上で決定し、提供されることが望ましく、その内容を個別の教育支援計画に明記することが望ましい。なお、設置者・学校と本人・保護者の意見が一致しない場合には、「教育支援委員会」（仮称）の助言等により、その解決を図ることが望ましい。また、学校・家庭・地域社会における教育が十分に連携し、相互に補完しつつ、一体となって営まれることが重要であることを共通理解とすることが重要である。さらに、「合理的配慮」の決定後も、幼児児童生徒一人一人の発達の程度、適応の状況等を勘案しながら柔軟に見直しができることを共通理解とすることが重要である。
- 移行時における情報の引継ぎを行い、途切れることのない支援を提供することが必要である。

(2) 「基礎的環境整備」について
- 「合理的配慮」の充実を図る上で、「基礎的環境整備」の充実は欠かせない。そのため、必要な財源を確保し、国、都道府県、市町村は、インクルーシブ教育システムの構築に向けた取組として、「基礎的環境整備」の充実を図っていく必要がある。
- 共生社会の形成に向けた国民の共通理解を一層進め、インクルーシブ教育システム構築のための施策の優先順位を上げていくことが必要である。

(3) 学校における「合理的配慮」の観点
- 「合理的配慮」の観点について整理するとともに、障害種別の「合理的配慮」は、その代表的なものと考えられるものを例示している。示されているもの以外は提供する必要がないということではなく、一人一人の障害の状態や教育的ニーズ等に応じて決定されることが望ましい。
- 現在必要とされている「合理的配慮」は何か、何を優先して提供するかなどについて、関係者間で共通理解を図る必要がある。
- 複数の種類の障害を併せ有する場合には、各障害種別の「合理的配慮」を柔軟に組み合わせることが適当である。

⑷ 「合理的配慮」の充実
- これまで学校においては、障害のある児童生徒等への配慮は行われてきたものの、「合理的配慮」は新しい概念であり、現在、その確保についての理解は不十分であり、学校・教育委員会、本人・保護者の双方で情報が不足していると考えられる。そのため、早急に「合理的配慮」の充実に向けた調査研究事業を行い、それに基づく国としての「合理的配慮」のデータベースを整備し、各教育委員会の参考に供することが必要である。また、中長期的には、それらを踏まえて、「合理的配慮」、「基礎的環境整備」を充実させていくことが重要であり、必要に応じて、学校における「合理的配慮」の観点や代表的なものと考えられる例を見直していくことが考えられる。
- 「合理的配慮」は、その障害のある子どもが十分な教育が受けられるために提供できているかという観点から評価することが重要であり、それについても研究していくことが重要である。例えば、個別の教育支援計画、個別の指導計画について、各学校において計画に基づき実行した結果を評価して定期的に見直すなど、PDCAサイクルを確立させていくことが重要である。

４．多様な学びの場の整備と学校間連携等の推進
⑴ 多様な学びの場の整備と教職員の確保
- 多様な学びの場として、通常の学級、通級による指導、特別支援学級、特別支援学校それぞれの環境整備の充実を図っていくことが必要である。
- 通常の学級においては、少人数学級の実現に向けた取組や複数教員による指導など指導方法の工夫改善を進めるべきである。
- 特別支援教育により多様な子どものニーズに的確に応えていくためには、教員だけの対応では限界がある。校長のリーダーシップの下、校内支援体制を確立し、学校全体で対応する必要があることは言うまでもないが、その上で、例えば、公立義務教育諸学校の学級編制及び教職員定数の標準に関する法律に定める教職員に加えて、特別支援教育支援員の充実、さらには、スクールカウンセラー、スクールソーシャルワーカー、ST（言語聴覚士）、OT（作業療法士）、PT（理学療法士）等の専門家の活用を図ることにより、障害のある子どもへの支援を充実させることが必要である。
- 医療的ケアの観点からの看護師等の専門家についても、必要に応じ確保していく必要がある。
- 通級による指導を行うための教職員体制の充実が必要である。
- 幼稚園、高等学校における環境整備の充実のため、特別支援学校のセンター的機能の活用等により教員の研修を行うなど、各都道府県教育委員会が環境を整

えていくことが重要である。
(2) 学校間連携の推進
- 域内の教育資源の組合せ（スクールクラスター）により、域内のすべての子ども一人一人の教育的ニーズに応え、各地域におけるインクルーシブ教育システムを構築することが必要である。
- 特別支援学校は、小・中学校等の教員への支援機能、特別支援教育に関する相談・情報提供機能、障害のある児童生徒等への指導・支援機能、関係機関等との連絡・調整機能、小・中学校等の教員に対する研修協力機能、障害のある児童生徒等への施設設備等の提供機能といったセンター的機能を有している。今後、域内の教育資源の組合せ（スクールクラスター）の中でコーディネーター機能を発揮し、通級による指導など発達障害をはじめとする障害のある児童生徒等への指導・支援機能を拡充するなど、インクルーシブ教育システムの中で重要な役割を果たすことが求められる。そのため、センター的機能の一層の充実を図るとともに、専門性の向上にも取り組む必要がある。
- 域内の教育資源の組合せ（スクールクラスター）や特別支援学校のセンター的機能を効果的に発揮するため、各特別支援学校の役割分担を、地域別や機能別といった形で、明確化しておくことが望ましく、そのための特別支援学校ネットワークを構築することが必要である。
(3) 交流及び共同学習の推進
- 特別支援学校と幼・小・中・高等学校等との間、また、特別支援学級と通常の学級との間でそれぞれ行われる交流及び共同学習は、特別支援学校や特別支援学級に在籍する障害のある児童生徒等にとっても、障害のない児童生徒等にとっても、共生社会の形成に向けて、経験を広め、社会性を養い、豊かな人間性を育てる上で、大きな意義を有するとともに、多様性を尊重する心を育むことができる。
- 特別支援学校と幼・小・中・高等学校等との間で行われる交流及び共同学習については、双方の学校における教育課程に位置付けたり、年間指導計画を作成したりするなど交流及び共同学習の更なる計画的・組織的な推進が必要である。その際、関係する都道府県教育委員会、市町村教育委員会等との連携が重要である。また、特別支援学級と通常の学級との間で行われる交流及び共同学習についても、各学校において、ねらいを明確にし、教育課程に位置付けたり、年間指導計画を作成したりするなど計画的・組織的な推進が必要である。
(4) 関係機関等との連携
- 医療、保健、福祉、労働等の関係機関等との適切な連携が重要である。このた

めには、関係行政機関等の相互連携の下で、広域的な地域支援のための有機的なネットワークが形成されることが有効である。

5．特別支援教育を充実させるための教職員の専門性向上等

(1) 教職員の専門性の確保

- インクルーシブ教育システム構築のため、すべての教員は、特別支援教育に関する一定の知識・技能を有していることが求められる。特に発達障害に関する一定の知識・技能は、発達障害の可能性のある児童生徒の多くが通常の学級に在籍していることから必須である。これについては、教員養成段階で身に付けることが適当であるが、現職教員については、研修の受講等により基礎的な知識・技能の向上を図る必要がある。
- すべての教員が多岐にわたる専門性を身に付けることは困難なことから、必要に応じて、外部人材の活用も行い、学校全体としての専門性を確保していくことが必要である。

(2) 各教職員の専門性、養成・研修制度等の在り方

- 学校全体としての専門性を確保していく上で、校長等の管理職のリーダーシップは欠かせない。また、各学校を支援する、教育委員会の指導主事等の役割も大きい。このことから、校長等の管理職や教育委員会の指導主事等を対象とした研修を実施していく必要がある。
- 特別支援学校教員の特別支援学校教諭免許状（当該障害種又は自立教科の免許状）取得率は約7割となっており、特別支援学校における教育の質の向上の観点から、取得率の向上による担当教員としての専門性を早急に担保することが必要である。このため、養成、採用においては、その取得について留意すべきである。特に現職教員については、免許法認定講習の受講促進等の取組を進めるとともに、その後も研修を通じた専門性の向上を図ることが必要である。
- 特別支援学級や通級による指導の担当教員は、特別支援教育の重要な担い手であり、その専門性が校内の他の教員に与える影響も極めて大きい。このため、専門的な研修の受講等により、担当教員としての専門性を早急に担保するとともに、その後も研修を通じた専門性の向上を図ることが必要である。

(3) 教職員への障害のある者の採用・人事配置

- 「共生社会」とは、これまで必ずしも十分に社会参加できるような環境になかった障害のある者等が、積極的に参加・貢献していくことができる社会であり、学校においても、障害のある者が教職員という職業を選択することができるよう環境整備を進めていくことが必要である。

参考データ

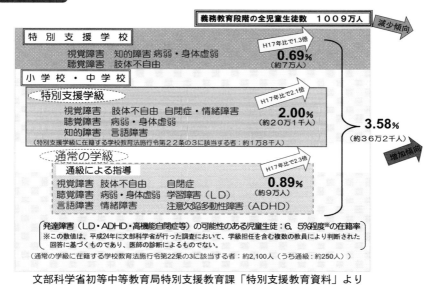

文部科学省初等中等教育局特別支援教育課「特別支援教育資料」より
図1　特別支援教育の対象の概念図（義務教育段階）（平成27年5月1日現在）

※平成18年度までの表記は盲学校、聾学校及び養護学校とする。以下同じ。

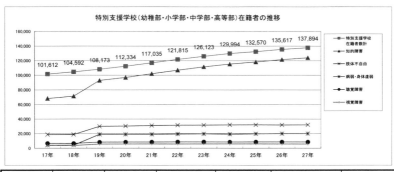

	視覚障害	聴覚障害	知的障害	肢体不自由	病弱・身体虚弱	計
学校数	83	118	745	345	145	1,114
在籍者数	5,716	8,625	124,146	32,089	20,050	137,894

※注：在籍者数は、平成18年度までは在籍する学校の障害種別により集計していたため、複数の障害を有する者については、在籍する学校の障害種以外の障害について集計していない。平成19年度より、複数の障害種に対応できる特別支援学校制度へ転換したため、複数の障害を有する者については、障害種のそれぞれに集計している。このため、障害種別の在籍者数の数値の合計は計と一致しない。

※注：学校数は、平成19年度より、複数の障害種に対応できる特別支援学校制度へ転換したため、複数の障害に対応する学校については、それぞれの障害種に集計している。このため、障害種別の学校数の数値の合計は計と一致しない。

文部科学省初等中等教育局特別支援教育課「特別支援教育資料」より

図2　特別支援学校の現状（平成27年5月1日現在）

特別支援学級は、障害のある子供のために小・中学校に障害の種別ごとに置かれる少人数の学級（8人を上限）であり、知的障害、肢体不自由、病弱・身体虚弱、弱視、難聴、言語障害、自閉症・情緒障害の学級がある。

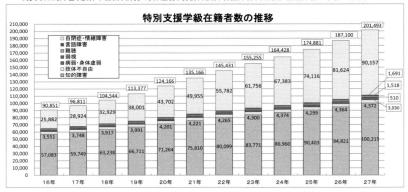

	知的障害	肢体不自由	病弱・身体虚弱	弱視	難聴	言語障害	自閉症・情緒障害	計
学級数	25,432	2,846	1,792	440	996	589	22,491	54,586
在籍者数	100,215	4,372	3,030	510	1,518	1,691	90,157	201,493

文部科学省初等中等教育局特別支援教育課「特別支援教育資料」より

図3　特別支援学級の現状（平成27年5月1日現在）

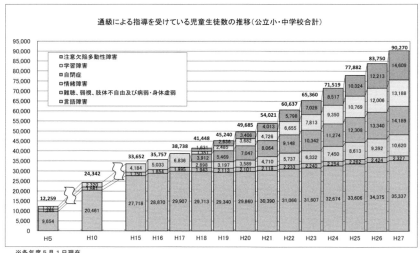

※各年度5月1日現在
※「難聴その他」は難聴、弱視、肢体不自由及び病弱・身体虚弱の合計である
※「注意欠陥多動性障害」及び「学習障害」は、平成18年度から通級指導の対象として学校教育法施行規則に規定
（併せて「自閉症」も平成18年度から対象として明示：平成17年度以前は主に「情緒障害」の通級指導の対象として対応）

文部科学省初等中等教育局特別支援教育課「特別支援教育資料」より

図4　通級による指導の現状（平成27年5月1日現在）

＜卒業生の進路（平成27年3月卒業者）＞

表1　特別支援学校中学部及び中学校特別支援学級の卒業生の状況

	卒業者数	進学者	教育訓練機関等入学者	就職者	社会福祉施設等・入所・通所者	その他
特別支援学校中学部卒業者	9,967 (100.0%)	9,799 (98.3%)	10 (0.1%)	6 (0.06%)	86 (0.9%)	66 (0.7%)
中学校特別支援学級卒業者	18,227 (100.0%)	17,153 (94.1%)	426 (2.3%)	169 (0.9%)		479 (2.6%)

文部科学省初等中等教育局特別支援教育課「特別支援教育資料」より

表2　特別支援学校高等部（本科）の卒業後の状況

（　）内％

区分	卒業者	進学者	教育訓練機関入学者	就職者	社会福祉施設・医療機関入所者	その他
視覚障害	302 (100.0)	98 (32.5)	13 (4.3)	49 (16.2)	110 (36.4)	32 (10.6)
聴覚障害	468 (100.0)	183 (39.1)	28 (6.0)	180 (38.5)	66 (14.1)	11 (2.4)
知的障害	17,522 (100.0)	73 (0.4)	267 (1.5)	5,515 (31.5)	11,002 (62.8)	665 (3.8)
肢体不自由	1,829 (100.0)	49 (2.7)	32 (1.7)	106 (5.8)	1,553 (84.9)	89 (4.9)
病弱	411 (100.0)	25 (6.1)	36 (8.8)	59 (14.4)	230 (56.0)	61 (14.8)
計	20,532 (100.0)	428 (2.1)	376 (1.8)	5,909 (28.8)	12,961 (63.1)	858 (4.2)

文部科学省初等中等教育局特別支援教育課「特別支援教育資料」より

平成28年度　全国特別支援教育推進連盟加盟団体一覧

平成29年4月現在

	団体名／メールアドレス	代表者		郵便番号	事務局所在地	電話／FAX	機関誌
1	全国特別支援学校長会 zentoku@yo.rim.or.jp	会　長 事局長	横倉　久 大井　靖	113-0034	文京区湯島1-5-28 ナーベルお茶の水207	03-3812-5022 03-3812-5022	会報（年3回）
2	全国特別支援学級設置学校長協会 zentokukyo@tbm.t-com.ne.jp	会　長 事局長	阿部　謙策 橘　厚子	151-0072	渋谷区幡ヶ谷2-35-1 ダイヤパレス幡ヶ谷404号	03-6276-6883 03-6276-6883	研究紀要（1回） 会報（年3回）
3	全国盲学校ＰＴＡ連合会 zenmoup@ybb.ne.jp	会　長 事局長	川越　啓子 坂本　俊二	170-0005	豊島区南大塚3-43-11 全国心身障害児福祉財団内7F	03-3984-5501 03-3984-5501	手をつなごう （年2回）
4	全国聾学校ＰＴＡ連合会 zenrop@iaa.itkeeper.ne.jp	会　長 事局長	伊藤　忠 秋廣　勝道	170-0005	豊島区南大塚3-43-11 全国心身障害児福祉財団内7F	03-3984-2555 03-3984-2555	会報（年3回） 指導誌（年1回）
5	全国特別支援学校知的障害教育校ＰＴＡ連合会 zenti-pren-2005@nifty.com	会　長 事局長	石見佐知子 吉田　祥子	105-0012	港区芝大門1-10-1 全国たばこビル6F	03-3433-7651 03-3433-7652	会報（年2回）
6	全国肢体不自由特別支援学校ＰＴＡ連合会 zennsi-p-1210@extra.ocn.ne.jp	会　長 事局長	竹内ふさ子 岩井　英子	105-0012	港区芝大門1-10-1 全国たばこビル6F	03-6721-5710 03-6721-5711	会報（年4回）
7	全国病弱虚弱教育学校ＰＴＡ連合会 norisan@rmail.plala.or.jp	会　長 事局長	遠山　俊二 坂田　紀行	170-0005	豊島区南大塚3-43-11 全国心身障害児福祉財団内7F	03-3984-1313 03-3984-1313	会報（年1回）
8	社会福祉法人　日本肢体不自由児協会 soumu@nishikyo.or.jp	理事長 常務理事	田中　健次 井田　千昭	173-0037	板橋区小茂根1-1-7	03-5995-4511 03-5995-4515	はげみ（年6回）
9	一般社団法人　全国肢体不自由児者父母の会連合会 web-info@zenshiren.or.jp	会　長 常務理事	清水　誠一 上野　密	171-0021	豊島区西池袋4-3-12	03-3971-3666 03-3982-2913	わ（年4回） いずみ（年2回）
10	社会福祉法人　全国重症心身障害児(者)を守る会 mamorukai@msi.biglobe.ne.jp	会　長 事局長	有馬　正高 北村　定義	154-0005	世田谷区三宿2-30-9	03-3413-6781 03-3413-6919	両親の集い（月刊）
11	全国視覚障害児（者）親の会 shikaku-oyanokai@nifty.com	会　長 副会長	諏訪　勝三 高木美恵子	170-0005	豊島区南大塚3-43-11 全国心身障害児福祉財団内7F	03-3984-3845 03-3984-3845	つえ・ニュース （年2回）
12	全国聴覚障害者親の会連合会 yasuda@nmcc.jp	会　長 事局長	鈴木　厚 安田　喜一	465-0061	名古屋市名東区高針4-312	052-753-6788 052-753-6788	会報（年1回）
13	盲ろうの子とその家族の会　ふうわ syatun@nifty.com	会　長 事局長	宮内八須子 森　貞子	181-0053	三鷹市深大寺1-15-1-265 森方	0422-30-5766 0422-30-5766	会報（年3回）
14	ＮＰＯ法人　全国ＬＤ親の会 jimukyoku@jpald.net	理事長 副理事長	東條　裕志 多久島睦美	151-0053	渋谷区代々木2-26-5 バロール代々木415	03-6276-8985 03-6276-8985	かけはし（年3回）

15		一般社団法人 日本自閉症協会	会　　長	市川　宏伸	104-0044	中央区明石町6-22 築地622-6F	03-3545-3380	いとしご（年6回） かがやき（年1回）
		asj@mub.biglobe.ne.jp	事務局長	今井　忠			03-3545-3381	
16		全国手をつなぐ育成会連合会	会　　長	久保　厚子	520-0044	大津市京町4-3-28 滋賀県厚生会館内	077-572-9894	手をつなぐ
		info@zen-iku.jp	事　務　局	立原麻里子			077-572-9894	
17	加入団体	全国病弱・障害児の教育推進連合会	会　　長	貝谷　久宣	170-0005	豊島区南大塚3-43-11 全国心身障害児福祉財団内6F	03-6907-3521	
			事　務　局	大髙　博光			03-6907-3529	
	1	公益社団法人　日本てんかん協会	会　　長	鶴井　啓司	170-0005	豊島区南大塚3-43-11 全国心身障害児福祉財団内7F	03-3202-5661	波（月刊） 「IE News」（季刊）
		nami@scan-net.ne.jp					03-3202-7235	
	2	一般社団法人　日本筋ジストロフィー協会	理事長	貝谷　久宣	170-0005	豊島区南大塚3-43-11 全国心身障害児福祉財団内6F	03-6907-3521	一日も早く（年6回） 指導誌（年1回）
		jmda_info@ml.jmda.or.jp					03-6907-3529	
	3	ＮＰＯ法人　全国ことばを育む会	理事長	加藤　碩	105-0012	港区芝大門1-10-1 全国たばこビル6F	03-6459-0989	ことば（年6回） 手引書（不定期）
		npo-hagukumukai5108@waltz.ocn.ne.jp					03-6459-0989	
	4	一般社団法人　全国心臓病の子どもを守る会	会　　長	神永　芳子	170-0013	豊島区東池袋2-7-3 柄澤ビル7F	03-5958-8070	心臓を守る （月刊）
		mail@heart-mamoru.jp					03-5958-0508	
		全国特別支援教育推進連盟	理事長	大南　英明	105-0012	港区芝大門1-10-1 全国たばこビル6F	03-3433-7717	要覧（年1回） 年俸（年1回）
		suishinrenmei@nifty.com	事局長	沖山　孝枝			03-3433-7717	

◆インターネットによる情報◆

〇文部科学省特別支援教育関係ホームページ

　　http://www.mext.go.jp/a_menu/shotou/tokubetu/main.htm

〇独立行政法人 国立特別支援教育総合研究所

　　http://www.nise.go.jp

　　〇発達障害教育情報センター　http://icedd.nise.go.jp

　　〇メルマガ　http://www.nise.go.jp/magazine/

〇独立行政法人 日本学生支援機構

　　http://www.jasso.go.jp/

執筆者一覧

大南　英明　全国特別支援教育推進連盟理事長〔はじめに〕

第1章
青木　隆一　文部科学省初等中等教育局特別支援教育課特別支援教育調査官

第2章
河村　久　聖徳大学教授

第3章
関　美津子　練馬区立北大泉幼稚園長〔3−1〕
堀江　朋子　東京都八王子市立楢原中学校長〔3−2〕
及川　求　岩手県立盛岡となん支援学校長〔3−3〕

第4章
塚本美起子　江東区立東砂幼稚園長〔4−1〕
林　嘉瑞子　渋谷区立加計塚小学校長〔4−2〕
関　孝夫　福井県越前市武生西小学校長〔4−3〕
清水　和彦　東京都八王子市立加住小中学校統括校長〔4−4〕
永妻　恒男　さいたま市立大宮南中学校長〔4−5〕
小林　俊昭　秋田県立秋田きらり支援学校長〔4−6〕

第5章
山崎　紀子　品川区立二葉幼稚園長〔5−1〕
池口洋一郎　大田区立蒲田小学校長〔5−2〕
森岡　耕平　東京都府中市立府中第三中学校長〔5−3〕
西崎　伸彦　東京都公立中学校ＰＴＡ協議会総務理事〔5−4〕
雨宮　貴雄　山梨県立あけぼの支援学校長〔5−5〕
慶田城さより　東京都立鹿本学園ＰＴＡ代表会長〔5−6〕

※平成28年度、敬称略

作者紹介

◆章扉イラスト

浅海　平（あさみ・ひとし）

幼少から動物の絵を多く描いていたが、高校入学後に「侍」の絵を好んで描くようになる。2008年から毎年、東京都豊島区障害者美術展などに出品。「審査員特別賞」などを受賞している。

校長・園長必携
幼稚園・小中高等学校における特別支援教育の進め方④
保護者や地域の理解を進めるために

平成29年5月3日　初版第1刷発行

- ■編　集　　全国特別支援教育推進連盟
- ■編集協力　全国国公立幼稚園・こども園長会
　　　　　　全国連合小学校長会
　　　　　　全日本中学校長会
　　　　　　全国高等学校長協会
　　　　　　全国特別支援学級設置学校長協会
　　　　　　全国特別支援学校長会
- ■発行者　　加藤　勝博
- ■発行所　　株式会社 ジアース教育新社
　　　　　　〒101-0054　東京都千代田区神田錦町1-23 宗保第2ビル
　　　　　　TEL 03-5282-7183　FAX 03-5282-7892
　　　　　　E-mail：info@kyoikushinsha.co.jp
　　　　　　URL：http://www.kyoikushinsha.co.jp/

表紙デザイン　土屋図形株式会社
印刷・製本　　株式会社 創新社
○定価はカバーに表示してあります。
○乱丁・落丁はお取り替えいたします。（禁無断転載）
Printed in Japan
ISBN978-4-86371-414-4